新世紀叢書

當代重要思潮・人文心靈・宗教・社會文化關懷

民主的失靈是一種「倒退」嗎？
抑或它可能是下一個階段的徵兆？

How Democracy Ends

民主會怎麼結束

梁永安_譯

政治大學政治系副教授
葉浩_推薦序

劍橋大學政治學教授 暨政治與國際研究系主任
英國知名政治評論家
大衛・朗西曼David Runciman_著

相關評論

本書在論說民主所面對的弔詭與危險時，中肯、細緻和自成一格，讓它在當前大量同類型作品中鶴立雞群。

——《衛報》

《民主會怎麼結束》是對民主及其中年危機的一個透徹研究。人民享受它的果實：自由、繁榮、長壽。民主提供了從事一些刺激之事的機會。

——《紐約書訊》

在讓人欽佩的分析中，作者指出我們的毛病在於記住那些最沒有幫助的歷史事例，總是回溯到一九三〇年代去解釋現代政治中我們最不喜歡的部分——

特別是川普。

——《倫敦旗幟晚報》

文字清晰而避開政治科學的學術術語，《民主會怎麼結束》極為好讀，對我們理解今日世界大有幫助。

——《新政治家》

民主還沒有死，在輕快步入墳墓前還可以用一些物理治療續命。這本書不管表現出多麼樂觀的態度，都是一種敷衍人的安慰。

——《柯克斯書評》

那些喜歡多方多面考慮和避免遽下結論的人……會覺得本書是對當下政治時刻一個思考縝密和平衡的分析。

——《出版家週刊》

是什麼殺死了民主？當民主死去，有什麼可以代替它？在這本讓人心曠神怡的著作中，作者朗西曼問了一連串的問題，它們的答案把我們從霍布斯帶到甘地，從鬥獸場帶到「臉書」。這是一本銳利和重要的書。

——吉兒・勒波（Jill Lepore），哈佛大學美國歷史學教授
《這些真理：一部美國歷史》作者

隨著民主制度凋零，朗西曼認為我們正往錯誤的方向尋找藥方。這部明智和冷靜的作品有說服力地力主，歷史和當代獨裁政權都不足以作為我們理解民主衰頹的嚮導。如果民主終結，它將會是以我們從未經驗過的方式終結。朗西曼此書在一個非常擁擠的領域裡做出了真正的新突破。

——丹尼・羅德里克（Dani Rodrik），
哈佛大學甘迺迪政府學院國際政治經濟學教授

民主會怎麼結束

【目錄】本書總頁數264頁

導讀　民主雖然容易著火，但也比任何制度更能滅火

◎葉浩（政治大學政治系副教授）

百年前的今天，位於英國威爾斯某小鎮（Aberystwyth）的學校接獲一筆捐款，希望以設立一個獨立學門的方式來紀念那些在一次世界大戰戰死沙場的大學生，致力於研究戰爭的起因並尋求維持和平的方法。隔年，全世界第一個國際關係系成立於此，數年之後的研究成果是：推行民主制度是避免國際戰事的良方，一來生活於這種制度底下的公民其實並不願意打仗，二來此一制度確保參戰與否的決定，必須經過國會的辯論，亦即需要時間，而這意味著當下的衝突可以獲得緩衝，以及尋求妥協其他化解方案的可能。

換言之，民主的本質是慢，且慢本身是個優點。此一制度根本上預設了人性的幽暗面，擔憂絕對的權力會使人腐化，因此才有三權分立，為的是不讓權力過度集中於一個人身上或單一機構，避免決策的制定過於獨斷。但制衡也意味著不同政府單位之

間以及政府與國會之間，必須溝通、爭辯、協調、折衝，而這一切都需要時間。

相較之下，單憑一人的意志就可決定把國民送入戰場的威權或獨裁政權，反倒是國際和平的一種隱憂。此一發現印證了十八世紀德國大哲康德（Immanuel Kant）的世界永久和平構想，也是所謂的「民主和平論」源頭。

當然，這樣的制度若運作於一個願意等待的社會，將相得益彰，而這正是十九世紀法國政治學者托克維爾（Alexis de Tocqueville）的洞見。根據他的觀察，民主之所以在美國能成功，部分得力於資本主義的投資精神。那是一種願意事先付出，然後靜候未來獲利的精神。成為文化的一部分之後，人民凡事得以不急躁，願意信任和等待，政府也因此能進行長遠的施政規劃。

事實上，本文標題就是托克維爾的話。對他來說，雖然內建了拖延機制的民主無法快速回應突發的問題，但長久而言卻比其他制度更能防止小火把國家燒成一片焦土。另一方面，他也發現，願意等待的投資精神不容易維持，且商業的進一步發展可能導致人人自私自利、不關心公共事務，最後將妨礙了民主的運作。

不意外，自從上世紀八〇年代開始，西方逐步進入了經濟掛帥、凡事講求效率的「新自由主義」（Neo-liberalism）時代，短期投機取代了長遠投資，民主制度幾乎注定會在這種一切求快的商業文化當中遭致批評。原本作為一種體現政治妥協的民主制度，終將因為其要求充分討論與爭辯、容許以拖待變的特性，遭致批評。慢，不僅是多數人眼中的缺點，在政治上更是被當作一種制度失靈，甚至是一種惡。

置於此一脈絡，近年來掀起的全球性批評民主政治聲浪，並不難以理解。速度與政治其實存在微妙的關聯性，而這是三十年前高喊「歷史終結」的美國政治學者福山（Francis Fukuyama）的失算。雖然自由民主制度獲得了冷戰意識形態鬥爭的最後勝利，但反民主的伊斯蘭原教旨主義也同時崛起，而「憲政民主」與「自由市場」兩者的緊張關係才剛開始要浮現。

《民主會怎麼結束》（*How Democracy Ends*）並未直接處理時間與民主的問題，但本書提出的許多觀察與此相關。作者朗西曼（David Runciman）是一位英倫才子，文章可見於英美報章雜誌，目前任教於劍橋大學政治系，擔任系主任且主持該系「談政治」（Talking Politics）播客節目，自從五年前出版了一本談論民主的《信心陷阱》（*The Confidence Trap*, 2013）之後，躍升為具全球知名度的公共知識份子。

讀者手上這本書基本上算是《信心陷阱》的續集。根據朗西曼的觀察，放眼整個二十世紀，除非在制憲時刻或外敵侵略必須進入國家緊急狀態的時候，政治人物在民主制度底下難以成就偉大事業，且再偉大也比不上革命先烈或國父。是故，民主政治大部分的時候就是頗為幼稚的小打小罵，政客與選民不斷犯錯，且永遠學不到真正的教訓；但是，定期選舉與權力分散也總確保了國家不至於犯下威權體制或獨裁政權所能鑄成的大錯或政治悲劇。

這是托克維爾的洞見之延伸。民主制度雖不能讓人滿意，倒也不至於讓人徹底失望，且每一次危機的解除將加深人們對這制度的信心，根本如同一個走進去就不想出來的圈套。《民主會怎麼結束》一書雖然標題吸睛，但其實延續了此一論點，但把焦點從二十世紀歷史轉向了當前的政治，且特別針對川普的崛起與中國模式對民主的挑戰，進行了精采的分析。不過，本書內容以診斷為主，朗西曼沒有提出明確的處方，甚至在許多時候對民主的未來頗為悲觀。

診斷如下：民主政治正面臨的嚴重的中年危機——死不了，但會出現各種鋌而走險或企圖抓住青春尾巴的中二行為！如同中年大叔突然想買一部適合十七歲小伙子的摩托車，深陷信心圈套當中的選民，厭倦了希望與失望之間永無止盡的循環，會突然想把希望寄託於一個無黨籍候選人或政治素人，然後再次陷入另一種永劫回歸。是的，你沒猜錯，朗西曼真的認為川普就是最後可能會燒成一團火球的摩托車，那些吵著要英國脫歐、公投之後旋即請辭或假裝沒事的英國政客也是。

的確，政黨過去的勝選法門是向中間靠攏，但進入中年危機的民主政治，選舉結果卻可能一再戳破「理性選民」神話。若說「換人做做看」是民主常態，此一階段的症狀是不少選民開始認為「所有政黨都一樣（爛）」，所以不按牌理出牌或走偏鋒。選民愈來愈兩極化，那些極端甚至荒謬的主張反而贏得選票。

這說法看似印證了此時隔海與作者互別苗頭的美國政治學者布倫南（Jason Brennan）在其《反民主》（*Against Democracy*）一書所說：讓那些沒知識且平常不關心政治的人參與政治，只會變成一群以為自己所關心的議題是全世界最重要，自己的主張是宇宙無敵的政治流氓，然後把手上的選票當作迎接「救世主」降臨的階梯，期待他一上任就馬上清除多年沉痾乃至解決所有的社會問題——所以，讓無知的人民投票是自掘墳墓的作法，唯一的出路在於讓真正懂的人來掌權，以「知識菁英制」（epistocracy）來替換人人一票、票票等值的民主。

實則不然，因為朗西曼的真正論點是：罹患中年危機的人並非真正的年輕人，他們之所以會有如此年輕人般的行為，是因為依然相信民主制度，甚至可說是太過於深信才會行為如此幼稚脫序。這是一種民主制度完好無缺的情況之下的政治失靈，其根源是一種錯誤的安全感。

當然這也是《信心陷阱》論點的延續。據此，包括布倫南在內的那種反民主言論，其實也是一種民主中年危機的症狀，是因為活在民主制度底下太久，對得來不易的個人自由、人權保障、憲政法治等許多社會夢寐以求的價值，失去了敏感度，才能如此輕易脫口說出——換個制度試試看！

不過，《民主會怎麼結束》則進一步針對類似想法出現的歷史條件作出了相關的現實分析，也就是中國的崛起。此一史上最大的威權體制國家在過去二十年的快速經濟成長，對許多人來說證實了非民主體制的優勢。相較於正處於經濟成長緩慢、貧富差距擴大、選民對政治人物失去信心，甚至對自己投票選出的代議政府也不再信任的民主社會，中國共產黨近年來採取的實用主義加上訴諸國家光榮的策略，經濟成長飛速，雖然也造成了貧富差距擴大，但窮人的生活亦獲得了實質的改善，且社會穩定，政策的落實快速有效，的確讓不少西方人羨慕。

當然，這足以讓不少人貶抑民主思想、宣揚「賢人政治」（meritocracy）的好處，甚至直接呼籲其他形式的菁英統治（例如布倫南）。也足以讓陷入中年危機的美國民主想要擁抱採取類習近平策略的川普，其「讓美國再次偉大」的口號，是「中國夢」的翻版；沒有黨派包袱且反一切現有體制的語言，也給人一種務實改革的強人印象。但是，朗西曼強調，截至目前為止西方民主國家的公民尚未願意拿個人自由、尊嚴、人權、法治等價值，來換取威權主義的經濟成長與政策效率。

如此理解，川普不會是另一個希特勒的崛起。這是朗西曼亟欲強調的事。政治思想的學生，想必認得出這是「劍橋學派」的獨有印記。相較於牛津大學傾向針對永恆哲學問題提出系統性抽象理論，以及倫敦政經學院致力於提出時代提的具體改革方案兩種學術傳統，劍橋大學研究政治學的特色在於強調，政治沒有所謂真正的永恆問題，每個時代的偉大思想家都必須認清自己所處時代的問題，提出診斷甚至是處方——忽略此一事實，容易讓人將我們自己必須面對的新問題理解為另一個時代的重演，從而誤解其本質，甚至將另一個時代的解方生搬硬套到我們的時代。

《民主會怎麼結束》充分展現了劍橋人的特色，提醒我們，這一波批評民主的聲浪其實是二〇〇七到〇八年金融危機的後遺症，性質不同於二十世紀三十年代初的經濟大恐慌，且此時的美國也和當年的德國不可同日而語。是故，川普充其量只不過是一個民主政治進入中年危機時的炫酷摩托車，雖然很快會被放到車庫冷落，但就算騎個幾次也可能發生危險。

或許，中年危機這種事情本來也就沒有解藥，回春的希望本來也是症狀之一。甚至，朗西曼悲觀地問：二十世紀初期的女性尚未有投票權，許多少數族群也處於絕對弱勢當中，民主社會還有追求普選與福利國家的理想作為動能，但我們時代的新動能在哪裡？除了繼續堅持民主價值之外，似乎沒有別的處方，而這不就是《民主會怎麼結束》一書的目的？相較於有學者趁勢高舉一些極端的主張來成就自己，朗西曼提供敏銳的觀察與診斷，並且明白這是一個民主時代底下身為政治學學者能做且該做的事。

相信閱讀本書的讀者，也會體悟到朗西曼的提醒以及他試圖藉本書來達成的時代意義。更重要的是，也會理解本地的民主退潮或某些反民主聲浪，並不是中年危機的症狀。的確，相較於兩三百年的中年危機西方民主政治，民主化才三十年的台灣社會可能是真正的還是一個年輕人，甚至碰上任何問題的時候會直接懷念過去那種相對穩定且只要不批評政府，過著政治歸政治、其他歸其他的日子即可安逸的年代。提醒我們不該輕易套用另一個歷史脈絡的問題和處方來看待自己時代的作者，或許會說，我們此時該擔憂的不是民主會怎麼結束，而是：民主該怎麼真正開始站穩腳步？

序　想像那不可想像者

◎大衛・朗西曼（David Runciman）

沒有什麼是地久天長。總有一天，民主制度會走入歷史。包括曾經在一九八九年宣布「歷史的終結」的法蘭西斯・福山（Francis Fukuyama）在內，沒有人相信民主制度的優點足以讓它永遠存在。①直至最近期，大部分西方民主國家的公民都認為民主的終結會是很久以後的事。他們並不預期這種事會在他們有生之年發生。極少有人想過，它也許會在他們眼前發生。

不過，在進入二十一世紀還不到二十年的今日，以下這個問題卻幾乎憑空而至：民主制度就是以這個樣子壽終正寢的嗎？

就像許多人一樣，我是在川普當選美國總統之後才開始正視這個問題。借哲學的術語來說，川普的當選看似是民主政治的歸謬法（reductio ad absurdum）：任何能夠產生這種荒謬結論的過程必然是哪裡出了差錯。如果川普就是答案，那我們就不再是在問正確的問題。事情還不只是出在川普本人。他的當選只是越來越不穩定、互不信任和互不寬容的過熱政治氣候的一種表徵。不只在美國，民主在很多國家都開始看起來像是精神錯亂。

應該開門見山的是，我並不相信川普入主白宮代表著民主的壽終正寢。美國的民主制度是設計來抵抗各種顛簸，而川普在競選期間的奇言怪行並未超出這些制度的容忍範圍。更有可能，他的政府是相對率由舊章而不是做些驚世駭俗的事。不過，川普入主白宮還是構成了一個直接的挑戰：在美國這樣的國家，民主的失靈意味著什麼？在什麼情況下，行之已久的民主制度會活不下去？我們現在已經知道這些是我們應該問的問題，但又不知道如何回答。

我們的政治想像力被過時的民主失靈意象纏住。我們被困在了二十世紀。每次試圖想像民主瓦解的後果，我們就會乞靈於一九三〇年代或一九七〇年代的畫面：當時坦克會出現在街頭，獨裁者會口沫橫飛呼籲全國上下齊心，暴力和鎮壓會尾隨而至。川普的當選讓很多人拿他和過去的暴君相提並論。這些人警告我們，不要以為歷史不會重演。但另一種危險要怎麼辦？會不會，正當我們尋找民主失靈的熟悉訊號時，我們的民主正在以一些我們不熟悉方式出毛病？我驚覺這才是更大的威脅。我不認為我們有多大機會倒退回一九三〇年代的情況。我們不是處於第二次法西斯主義、暴力和世界大戰的前夜。我們的社會和那個時候大相逕庭（富裕太多、年長太多和網絡化太多），而我們對那個時候出了什麼毛病的集體歷史知識也堅定不移。所以，當民主終結，它採取的形式有可能會讓我們大吃一驚。我們甚至可能會因為望錯地方，對它的發生不知不覺。

當代政治學很少談論民主制度也許會以哪些新的方式失靈，因為它關注的是另一個不同的問題：民主制度一開始是怎樣站穩腳步？這種取向是可以瞭解的。在民主向全世界散播的過程中，它常常是進兩步、退一步。非洲、拉丁美洲和亞洲的部分地區也許實驗性地建立起民主制度，接著發生政變或軍事接管，然後又設法再來一遍。這樣的事從智利到南韓到肯亞都發生過。政治學的一個核心疑問是：到底是什麼導致民主固定下來。這根本上是一個信任的問題：那些在某次選舉結果中失去什麼的人必須相信忍耐到下一次選舉是值得的。富人必須相信窮人不會拿走他們的錢。士兵必須相信平民不會拿走他們的武器。但這種信賴常常會崩潰，這時民主就會垮台。

所以，政治科學家傾向於把民主的失靈視為一種「倒退」，退回到能夠對民主制度建立長久信任之前的時期。這也是為什麼我們老是喜歡用從前民主失靈的事例來照明當前可能出了什麼差錯。我們假定民主的結束會把我們帶回起點。

我打算在本書提供一個不同的角度。在那些人們對民主的信賴已經難以動搖的社會，民主的失靈會是什麼樣子？二十一世紀所面對的問題是，當我們對民主的制度安排已經變得非常信任，以致在它們失去作用卻察覺不到時，民主還能維持多久？我說的這些制度安排除了定期選舉（它仍然是民主政治的基石），還包括民主立法、獨立法庭和出版自由。這一切都可以繼續運作卻沒有做到它們應該做的事。民主空心化的危險在於它會讓我們有一種錯誤的安全感。我們也許會繼續信賴它，向它尋求拯救——哪怕我們又會對它的無力回應呼求感到滿心憤怒。民主制度可以在完好無缺的情況下失靈。

我的分析看起來會和常常被人談及的一點相左：西方社會對民主政治和政治家已經失去了信任。不錯，現在很多選民都不喜歡也不信任他們選出來的代表，而且程度是歷來之最。但失去信任感不會讓人揭竿起義反對民主，只會讓他們在絕望中認命。民主是可以在這種失望中存活很久的。這樣的民主會怎樣收場是一個問題，也是我嘗試回答的問題。但這種民主的下場不會是回到一九三〇年代。

我們不應該採取布頓（Benjamin Button）的歷史觀，即不應該認為老舊的事物有可能再次年輕起來。歷史不會走回頭路。不錯，當代西方民主的行為看來呼應著我們歷史上一些最黑暗的時刻：任何人只要看見示威者在維吉尼亞州夏洛蒂鎮舉著納粹萬字旗示威，然後又聽到美國總統表示示威者和反示威者應該各打五十大板，都會原諒那些擔心歷史重演的人。不過，不管這一類事件有多麼猙獰，它們都不是回返一些我們認為早已留在了後頭的東西的先驅。我們確實已經把二十世紀留在了後頭。我們有需要另立一個參考架構。

所以，容我提供另一個類比。這個類比並不是沒有瑕疵，但我希望它可以幫助讀者對本書的論證有一個直觀性的掌握。西方的民主制度正經歷一場中年危機。我這樣說並不是低估正在發生的事情的嚴重性，因為中年危機的後果一樣可以很嚴重，甚至會死人。西方民主的中年危機是一場全幅度的危機。中年危機的症狀包括表現出一個人更年輕時的行為。不過，如果假定研究年輕人的行為就可以理解中年危機，便是一個錯誤。

當一個可憐兮兮的中年男人出於衝動而買了一輛摩托車來騎，可以是很危險的。如果他真的不走運，摩托車最後有可能會化為一團火球。不過，這種危險和一個十七歲的毛頭小子買一輛摩托車完全不能相提並論。更有可能，它只是讓人尷尬：中年危機的摩托車被騎過幾次後便遭到冷落，閒置在街頭的停車格。它也有可能會被賣掉。危機將會需要以別的方法解決——假如它有可能解決的話。美國的民主正是處於可憐兮兮的中年階段，而川普是它的摩托車。它一樣有可能會化為一團火球。但更有可能的情況是，危機會持續，需要以別的方法解決——假如它有可能解決的話。

我知道用這種方式來談論民主的危機也許帶有自我放縱味道，特別因為我是個好命的中年白種男人。以我的方式說話是世界上很多人負擔不起的奢侈。這些是第一世界的問題。民主的危機是真實的，但又有一點開玩笑的味道。這正是為什麼會那麼難以知道它也許會怎樣終結。

不是在人生的開始或結束階段，而是在中間階段經驗一場危機，意味著同時被向前拉和向後拉。把我們向前拉的是我們對更好情況的願望。把我們向後拉的是不願意放開一種和我們在一起已經很久的東西的心理。這種不情願心理是可以理解的：民主制度一直把我們伺候得很好。現代民主制度的吸引力在於它有能力帶給社會長期福祉，以及讓每個公民能夠表達心聲。很容易看出來為什麼我們不願意放棄它，至少目前還不願意。然後，選擇也許不單單是介乎於民主制度的整個套裝組合和某些反民主的替代方案的套裝組合之間。有可能是那些讓民主制度如此具有吸引力的元素會繼續運作，但不再是一起運作。套裝組合開始瓦解。當一個人開始解體，我們有時會說他是散了開來。當今民主制度看來就是散了開來。但這並不表示它不可修復。目前還不至於。

然則，是哪些因素讓民主所面對的當前危機不同於它過去碰到的那些，不同於它在更年輕時碰到的那些？我相信有三個基本差異。首先，現在的政治暴力在規模上和性格上都不同於早前的世代。西方民主國家基本上都是一些太平社會，而這表示我們最強烈的破壞性衝動是表現在其他方面。政治暴力當然依舊存在，但是它潛行在我們政治的邊緣和我們想像力的幽深處，從不會走到舞台的中心。它是本故事中的幽靈。第二，大災難的威脅已經改變。災難的前景一度有一種刺激行動的效果，但現在卻傾向於窒息行動。我們在自身的恐懼面前僵住。第三，是資訊科技的革命徹底改變了民主制度必須賴以運作的條件。我們變得依賴一些我們要不是控制不了就是並不完全理解的溝通形式和資訊分享形式。我們的民主制度的這些特徵，全都和它的年紀變得更長的事實相一致。

我用三大主題來組織本書：政變、大災難和科技接管。我會從政變談起（它是民主失靈的標準指標），探問對民主的軍事接管在今日是不是還有實際可能性。如果這種可能性不存在，民主又是怎樣可能不必動用武力而被顛覆？我們有意識到這樣的事情正在發生嗎？陰謀論的擴散是我們越來越不確定真正威脅何在的症狀。政變需要陰謀是因為它必須由一小群人祕密策劃，否則就無法實現。因為沒有了這些人，我們便只剩下陰謀論。

接著我會探討大災難的風險。當一切都分崩離析，民主制度當然一定會倒下。核子戰爭、災難性氣候變遷、恐怖主義的生化攻擊、殺人機器人的出現，這些全都可以讓民主政治完蛋，不過卻是我們最不用擔心的。因為如果真的發生了恐怖大災難，那麼存活下來的人將汲汲於求生，無暇改變。不過，在面對這些威脅時，我們發現自己被猶豫不決麻痺癱瘓的風險有多大？

再下來我會討論科技接管的可能性。智慧機器人還不會那麼快出現。但低層次的準智慧機器正漸漸滲透到我們生活的很多方面。我們現在比從前任何時候都擁有更大效率的科技，受到一些比現代政治史任何階段都更少責任感的大企業控制。我們會不會連再見都不說一聲，就把民主責任拱手讓給這些新力量？

最後，我會探討這個問題：用更好的制度取代民主制度這種說法通不通？中年危機可能確實是我們有需要做出改變的徵兆。既然我們陷在了車轍裡，為什麼不和讓我們如此悲慘的東西一刀兩斷？邱吉爾說過，民主是最壞的政府形式——如果不計其他所有不斷被試驗過的政府形式的話。他這番話是在一九四七年說的。那是很久以前的事了。自那之後，真的是沒有出現過更好的系統？我回顧了其中一些替代方案，包括二十一世紀的極權主義和二十一世紀的無政府主義。

在結論處，我考慮了民主的故事也許會怎樣結束。在我看來，它不會只有單一個終點。有鑑於它們有不同的預期壽命，世界不同國家的民主制度會繼續追隨不同的道路。美國民主挺得過川普不代表土耳其的民主挺得過艾爾多安（Erdogan）。即使民主在部分歐洲地區失靈，它未嘗不可能在非洲繁榮茁壯。發生在西方民主的事情不必然會決定其他地區民主的命運。但西方民主仍然是民主進步的旗艦級模型。它的失靈對於政治的未來有著巨大意涵。

除非世界末日先來到，否則不管發生什麼事，民主的死亡都會是一場曠日持久的死亡。當代美國的民主經驗位於我要講述的民主故事的核心，但這個故事有必要放在其他時代和地點的民主經驗去理解。雖然我力主應該離開我們當前對一九三〇年代的固著，但並不是暗示歷史不重要。正好相反：我們對於過去少數創傷時刻的執著，有可能會讓我們看不見可以從很多其他歷史時期得到的教訓。因為，我們從一八九〇年代可以學到的並不少於從一九三〇年代。但我會往回走得更遠：回到一六五〇年代和古代世界的民主。我們需要以歷史來幫助我們擺脫對即時背景故事的不健康固著。那是對中年危機的一種療法。

未來將會不同於過去。過去比我們以為的要長。美國並不是全世界。不過，即時的美國過去卻是我的開始之處：我會從川普的總統就職典禮談起。那不是民主的終結，不過卻是開始思考民主終結也許意味著什麼的適當時刻。

導論

二〇一七年一月二十日

20 January 2017

我是在英國劍橋一個演講廳的大螢幕收看美國總統川普的就職典禮。演講廳裡有大量國際學生，全都穿得嚴嚴密密——因為劍橋的教室並不總是暖氣充足，這裡穿大衣和圍領巾的人並不少於華盛頓的禮台上。但是學生形成的氣氛並不是冷冰冰。很多人在說說笑笑，很有節慶氣氛，就像任何公眾人物的喪禮。

當川普開始演講時，笑聲很快完全停止。在大螢幕上，在柱子和懸垂國旗的襯托下，他顯得讓人討厭和奇怪。我們都被嚇到了。他狗吠似的聲音和惡狠狠的手勢讓我們很多人想到同一件事情：這是法西斯主義的漫畫化版本。它和蝙蝠俠電影其中一幕——小丑向懦弱的高譚市市民演講——極其相似，以致成為陳腔濫調。但這並沒有讓它成為錯誤類比。陳腔濫調是真理死去的地方。

川普的演講內容讓人震驚。他用了一些呼應著民主政治狂野和憤怒邊緣的世界末日修辭方式。他哀嘆「衰敗荒涼的廠區猶如一座座墓碑散布在我國大地……犯罪、幫派和毒品氾濫」。在呼籲國家自尊的重生時，他提醒聽眾「我們都流淌著同樣鮮紅的愛國者的血」。這聽起來就像一個只有薄薄一層遮掩的威脅。最重要的是，他質疑代議政府的基本觀念，根據這種觀念，公民信賴被選出的政治人物為他們下決定。川普痛斥職業政治人背叛了美國人民且有負他們的信賴：

長期以來，我國首都有一小部分人獲得政府給予的種種好處，但人民承擔了其中的代價。

華盛頓榮華富貴，但人民無法分享其財富。

政治家們獲得功名利祿，但工作機會流失，工廠相繼關閉。①

他堅稱，他的當選不只標誌著權力從一個總統轉移給另一個總統，或從一個政黨轉移給另一個政黨，並且是從華府轉移給人民。他是要動員民眾的憤怒來對付任何擋著他去路的專業人士嗎？誰能夠制止他？當他演講完畢，劍橋的演講廳裡鴉雀無聲。我們不是唯一吃驚的人。據說，川普的前前任總統小布希離開禮台時曾喃喃自語：「真是古怪的胡說八道。」

因為我們生活在一個任何被消費的東西都可以即時再次消費的時代，我們決定把就職演講重看了一遍。第二次的印象相當不同。一旦已經知道他會說些什麼，我發現演講內容不那麼讓人震驚。我感覺自己先前是反應過度。由川普說出這些話並不會讓它們成真。他的嚇人言談和就職典禮的平和格格不入。如果這個國家真的如他說的那麼破裂，人們很難會在就職典禮的過程中有禮貌地坐著吧？它也和我所知道的美國格格不入。美國不是一個破碎的社會——用任何歷史標準來衡量都不是。

在美國，雖然最近有一些短促尖銳的響聲，但暴力已經全面性降低。經濟正欣欣向榮，哪怕分配仍然非常不均。如果人們真的相信川普所說的話，還會投票給他嗎？那將會是一種非常大膽的行為，因為那得冒著政治全面癱瘓的風險。選民會投票給他，會不會是因為他們並不真的相信他？

我花了大約十五分鐘去適應一個想法：川普的修辭方式是一種新常態。川普的演講稿寫手班農（Steve Bannon）和米勒（Stephen Miller）沒有把公然反民主的論調放入川普口中。那是一篇民粹主義的演講，但民粹主義不是反民主。相反的，它是想方設法把民主從背叛了民主的菁英階級索回。川普所說的話無一和代議民主制的基本前提相牴觸，這種制度是讓人民有權叫他們受夠了的政治人物走路。川普是呼應了那些投票給他的選民所明顯相信的：夠了就是夠了。

重看就職演說時，我的注意力比較不放在川普，而是放在他周遭的人物上。他太太梅蘭妮亞看來驚惶失措。歐巴馬只是有點不自在。坐在邊緣處的希拉蕊．克林頓一臉迷惘。幾個參謀長面無表情而堅忍。事實是，川普在宣誓就職後能說的話極少能對美國民主構成直接威脅。他說的只是空話。在政治上，只有當話變成行為才算重要。在二〇一七年一月二十日，唯一有實力終結美國民主的是坐在他周遭的人，而他們什麼都沒有做。

事情有可能是什麼別的樣子？民主的最起碼定義是，在選舉中敗選的一方願意認輸。他們遞交權力而不訴諸暴力。換言之，他們咬牙忍耐。如果這種事發生過一次，你就獲得了一種形成中的民主。如果這種事發生過兩次，你就獲得了一種可持久的民主。在美國，總統選舉敗選者認輸的事情發生過五十七次，哪怕偶爾也曾發生一觸即發的情形（例如大有爭議的一八七六年選舉和二〇〇〇年的選舉，當時全民投票的輸家就像川普一樣贏得了大選）。有二十一次，權力都從一個政黨和平轉移給另一個政黨。美國民主只有一次未能通過這種考驗：在一八六一年，一群南方州拒絕承認林肯是合法總統，起而反抗了四年。

換一種說法就是：民主是沒有打鬥的內戰。②當假戰變成了真戰，民主就會失靈。川普當選後，對美國民主的最大危險就是歐巴馬或希拉蕊拒絕接受選舉結果。希拉蕊以一個頗大比數贏得了全民投票（兩百九十萬票——比美國歷史上任何被擊敗的候選人都多），卻因為落伍過時的選舉人團制度最終落敗。在開票之後，希拉蕊一度感覺難以接受敗選的事實。歐巴馬打電話給她，要求她盡快承認選舉結果。美國民主的未來有賴這個承認。

在這方面，比川普就職演說更重要的是歐巴馬在選舉翌日（十一月九日）於白宮草坪發表的一個演說。他發現很多幕僚都傷心落淚，擔心八年的辛苦耕耘會被一個完全不稱職的新總統丟棄。當時距離選舉結果公布只有十幾小時，而憤怒的民主黨人已經開始質疑川普的合法性。歐巴馬採取相反態度：

這個國家走過的道路從來不是筆直的，而是呈Z字形。有時候我們的方向在一些人看來是前進，在另一些人看來是倒退，這些都很正常⋯⋯重點是，我們假定所有同胞都心懷善意，因為這種假定對一個活躍而健全的民主制度而言至關重要。這也是為什麼我對美國會繼續走在這段不可思議的旅途充滿信心。我期待我會竭盡所能協助新總統取得成功。③

很容易明白，歐巴馬為什麼覺得除了這樣說之外別無選擇。任何其他的說法都會讓民主制度的運作蒙上陰影。但值得一問的是：在什麼環境下，一個現任總統也許會覺得有必要說些不同的話？在什麼時候，對民主政治是走Z字形道路的信仰不再是成為進步的先決條件，而是變成了命運的人質？

如果是希拉蕊贏得二〇一六年的大選（特別是如果她贏了選舉人團而輸了全民投票），那川普很可能不會善罷甘休。他在整個競選過程中都清楚表明，他會不會接受選舉結果，端乎他是不是贏家而定。一個敗選的川普有可能會挑戰民主政治的核心前提——用歐巴馬的說法，這個核心前提就是：「如果我們輸了，我們會從錯誤中學習，會做一些反省，會舔傷口，然後重返舞台。」④舔傷口不是川普的格調，如果對民主來說最糟糕的情況是雙方不同意選舉結果是否成立，那麼美國民主在二〇一六年就是躲過了一劫。

如果川普選輸了，我們很容易想像他會杯葛希拉蕊的就職典禮。這種可能性既醜陋又小氣，也可能轉變為暴力，但對立憲政府來說不必然會致命。共和國好歹能夠應付過去。然而，假如是歐巴馬拒絕批准川普的就職典禮或計畫擁立希拉蕊入主白宮，那麼美國的民主就會完蛋，至少是短時間完蛋。

民主的最起碼定義有另一種變體：有槍的人不使用它們。川普的支持者擁有大量槍械，要是他選輸了，這些人有些也許會訴諸武力。不過，反對派候選人拒絕認輸和一個現任者拒絕離職有一個重大差別。不管一個悲憤敗選者的支持者擁有多少火力，國家總是擁有更多火力。如果不是這樣，它就不成其為一個運作中的國家。在最低程度定義中提到的「有槍的人」，是指控制了軍隊的當權者。當有權命令將軍的民選官員拒絕放棄這種權力，民主就會失靈。或當將軍們拒絕接受命令時，也會是一樣的後果。

這表示，其他有能力在一月二十日給予民主致命一擊的人也正坐在川普旁邊。他們是美國軍隊的幾位參謀長。如果他們拒絕接受新總司令的命令（例如他們決定不打算把發射核武的密碼交給他），那麼再多的儀式都無法掩蓋就職典禮只是一種空洞偽裝罷了。我們在劍橋的演講廳之所以會出現輕微的歡快氣氛，是因為有一則謠言迅速傳開：川普在早餐時間之後便已獲得了核足球❶。笑點就是，我們能夠仍然活著真幸運。但如果幾位參謀長決定不把發射核武的密碼交給新總統，我們便不會有人笑得出來。與一個不穩定的總統擁有發動核攻擊的權力相比，更讓人驚恐的是將軍們決定把那權力保留給自己。

但我們應該就像質問現任總統那樣，質問將軍們同一批問題：什麼時候拒絕服從一個被選出總統的命令是恰當的？盛傳川普是在外國勢力的幫助下當選。他當然沒有經驗，為人也可能不負責任和容易妥協。美國民主曾挺過更糟糕的情況：如果在國際事務上沒有經驗和不負責任是出任最高職位的一個障礙，那美國總統的歷史將會大為不同。正因為我們知道美國民主曾挺過更糟糕的情況，以至於我們更不知道現在應該怎樣反應。在劍橋，我們笑了一陣，然後陷入陰沉的沉默。在華府那邊，人們也是這樣。

川普的就職典禮讓我們可以為美國民主會怎樣失靈勾勒出三種不同的可能性。第一種多少有點難以想像：川普根據遊戲規則贏了選舉，但美國政府拒絕承認他的勝利。現任總統拒絕讓他入主白宮，軍隊拒絕聽命於他。這是通向內戰之路。歐巴馬幾乎從選舉結果底定的那一刻就排除了這種可能性。第二種可能性是有可能發生但實際上並沒有發生：希拉蕊贏了，而川普拒絕承認她的勝利。這不必然會導致內戰。一切端視川普的失望支持者願意製造和承受多少暴力。我們將永遠不會知道答案。我的猜測是，儘管會出現大量憤怒言詞，不太可能會發生大規模暴力。有些人也許願意為川普而殺人，但願意為他死又是另一回事。

第三種可能性是實際發生的一種：川普贏了選舉，美國的政治建制派決定咬牙強忍。他們有些人勉為其難加入他的政府，希望提供穩定作用。另一些人愁眉苦臉，等待最壞的情況過去。他們相信川普的言行會被美國民主制度的彈性所吸收和馴化。這是一場打賭（因為萬一馴化不了川普怎麼辦？），但卻不是不顧後果的打賭。替代選項——拒絕接受川普作為總統——看來要不顧後果得多。這場打賭不同於德國政治建制派在一九三二至三三年進行的那場災難性打賭：當時的政治人物認為他們馴化得了希特勒，但最終被他吞噬。二十一世紀的美國與威瑪時代的德國毫無相似之處。它的民主制度要更加歷經錘鍊。它的社會要繁榮許多。它的人民有更多比拿起武器反對民

❶譯註：可以讓美國總統發動核攻擊的特殊通訊工具，外表是個黑色手提箱。

主的事情好做。

在我寫作本書之際，賭局還沒有揭曉。但民主可以存活的機率看來仍然偏高。我們有可能主張，自從川普當選後，美國民主還是按照它原定的樣子運作。川普的擾亂性威脅和一個設計來抵擋大量擾亂的系統之間持續在角力，特別是當它發自煽動的時候。煽動家正在發現言行落差的世界。他被反擊他對個人忠誠的要求的機構誘捕。

國會並未如他所希望的那樣千依百順。法院也成了行政決定的一個障礙。當法官出缺時，川普相對成功地用支持他的法官把職位填滿。這和他沒有能力或意願讓聯邦政府補齊人員形成鮮明對比。但法院和法官太多了，讓這種策略在短期內難起決定性作用。就像任何美國總統一樣，川普對司法系統的影響只有在他去職很久之後才會顯現。任何企圖透過法院來推動事情的民粹主義都可能是相當無聲的革命。在他的小圈子之外（這個小圈子不斷縮水），美國民主制度的機構被證明為相對難以被俘虜。

不過，對川普的忠實支持者來說，這種結果和第一種可能性無太大差別。他們聲稱，美國政府不是透過拒絕承認川普的勝選否定他的權力，因為它並不需要做任何如此露骨的事。代之以，「深層政府」（deep state）自他就職第一天起就開始動搖他的政府。這種背叛完全是發生在幕後。按照這個說法，民主已經停擺了一段頗長的時間，因為沒有任何挑戰政治建制權威的總統可以逃得過懲罰。川普並沒有遇到政變，但自從他就職那一刻開始，政變說便不絕於耳，因為他的支持者指控他自己黨內的敵人和自由派建制搞陰謀使他就範。保守派政治評論家和蠱惑人心者林博（Rush Limbaugh）稱之為「無聲政變」⑤，情形就像幾乎已經沒有人知道什麼叫政變。

反過來的，在川普的死硬反對者看來，我們正生活在第二種可能性的扭曲變體中。川普雖然勝選，卻從來沒有承認自己勝利的結果。他甚至拒絕承認他輸了全民投票，聲稱那是出於選舉舞弊。這是有史以來第一次贏家拒絕接受總統選舉的結果。因為這種情況套不進任何已知的民主理論，政治學很少加以討論。總統川普不容許任何批評，而且只要對他有利，沒有什麼事情是他不可以挑起爭論的。他從就職典禮就開始挑起爭論：雖然所有證據都指向相反方向，他偏偏強調參加就職典禮的群眾很龐大。他是在民主禮貌的邊界之外進行管治，這種禮貌要求承認另一邊也可能掌握真理。他正在取笑那個寬容他的系統。

所以，正當川普陷於一場和美國民主機構的戰爭之時，那些拒絕接受這是真實故事的人之間也發生了另一場角力。他們的世界是一個陰謀論和另類事實的陰影世界。它建基於一個假設：正在發生的事情的真實情況，只有給主要行動者輸入反民主的動機之後方能理解。民主看起來也許仍然在運作，但事實上並不然，因為另一邊已不再按照規則玩遊戲。政治秩序業已失靈，但卻沒有人承認。取代沒有打鬥的內戰，我們有的是一場沒有內戰的言語比武。

這個黨派衝突地下世界的存在，讓我們難以知道美國民主陷入多大麻煩。如果川普就職典禮當日的禮台上有空椅子甚或根本沒有就職典禮，那麼民主所受到的威脅將是每個人都看得見。戰線將會被清楚勾勒，不留下爭論餘地。如果就職典禮引發暴力，情形也是一樣。那時，我們會知道自己站在何處。但就職典禮當天並沒有可標誌出了事的事情發生。川普對民主的冒犯只是漫畫化。每件事都按照應有的樣子發生，根據遊戲規則的規定進行。抗議聲音雖然憤怒但保持得體。達官貴人們統統保持他們的尊嚴。如果說美國民主真的哪裡出了毛病，那麼這毛病並不顯眼。

就像很多人那樣，自從川普就職之後，我花了不少時間思考川普。這大概是個錯誤。因為不管當前的美國總統有多麼引人注目，美國都不是我們應該預期民主會終結的地方。世人會在二〇一七年一月二十日看得目不轉睛，是因為很難把頭轉開。川普的威脅既引人注目又荒謬。但同一齣戲較不引人注目和較不荒謬的版本正在世界其他地方上演。在那些由左派反建制政治人物勝選，或那些民主制度不是那麼根深柢固的國家，戰線的位置也許會清楚一點。如果民主的死亡最終需要一次全面性的軍事攤牌或公然的極權主義接管，那麼，它在很多地方發生的可能性都大於在美國。所以我這本書並不只是關於美國：我們還會望向德里和伊斯坦堡，望向雅典和布達佩斯。在瞭解民主面對的更大威脅時，川普有可能會讓我們分神。

但美國仍然至關重緊。萬一這分神是真實故事怎麼辦？我說這個不是陰謀論者的意思。我並非暗示川普的小丑言行是蓄意要讓人們不去注意到他對民主機構的攻擊。我仍然相信，面對川普，你看到的就是你得到的。問題是，你看到的是什麼太難測度。他同時滑稽和有威脅性，同時讓人熟悉和怪異，同時處於民主能夠容忍範圍的邊界之內和之外。我對他的就職演說的混亂反應——先是震驚然後是不震驚——不是一次性。我至今仍然是這種感覺。川普比任何較近期歷史裡的民主國家政治人物更能夠同時激起矛盾情緒。他同時給人荒謬又認真得要命的感覺。他不可理解又敞開得像個小孩。他是個讓人恐慌的理由，也是個讓人保持冷靜的理由。

川普重要是因為他不是來自美國民主的歷史的終結處，而是來自其中的某處——也許會是終結的開始之處。美國不只是世界上最重要的民主國家，還是最老的民主國家之一。民主在美國是從哪一天開始沒有確定答案。它的一部分是從開始處開始：即在一七七六年成為共和國開始。但沒有一個奠基於奴隸制的共和國可以是真正意義下的民主。就連奴隸制度廢除之後，仍然有很多公民沒有投票權。只有到了二十世紀，隨著女性獲得投票權和後來的民權運動，某種非常類似於我們現在認為是民主的東西終於實現。這種考量讓美國的民主不超過一百歲，甚至不超過五十或六十歲。就政治的標準衡量，這個年歲並不老。但是它也不年輕，特別是有鑑於很多民主國家還沒有開展就已經被掐熄。它是中年歲數。古代雅典的民主活了兩百歲才死亡。就這個標準，美國的民主甚至沒有過半輩子。

要思考死亡——特別是一己的死亡——從來不容易。不過如果你步入中年，就應該開始思考。你知道死亡總會來臨，不再像年輕時那樣，相信死亡只會發生在別人身上。步入中年就意味著活得夠久，足以認出死亡的徵兆。突然的崩潰是有可能的：這種事在別人身上就發生過。另一方面，把每個小病小痛都看作大限已近的訊號則是可笑的。疑神疑鬼本身就是一種疾病。生活還是要過下去，最好的日子也許還沒有來到。這就是美國民主目前的處境。

政治思想史學者常常把國家生命類比於人類生命。這種類比常常是牽強和聲明狼藉。反省政體（body politic）的必死性可以只是主張不惜一切代價把政體延續下去的藉口。「國王死了！國王萬歲！」❷不過，政治還是可以從人是怎樣變老中學到東西。民主在美國已經到達一個疲倦和脾氣不好的中年階段。它沒有對疑神疑鬼免疫。因為小病小痛而擔心死亡並不同於嚴肅思考死亡。它讓一致的行動變得更加困難，因為它會孕育出無助感。它還有可能孕育出因感覺自己沒有多少東西可以損失而導致的莽撞。有很多不同方式可以經驗中年危機。美國也許正在同時經歷這些方式的其中好多種。

把政體生命類比於人類生命的一個明顯瑕疵是，我們大概知道人可以活多久。至少我們以為自己知道。但對於國家，我們完全沒有概念。不能因為雅典民主死於兩百歲，我們就斷言這是民主政體的自然壽命。就算美國民主是處於它全部生命的中間某處，我們仍然沒有可靠方式能得知，它是比較接近開頭還是接近結尾。

與此同時，這個等式中的人類一邊開始發生變化。在少數地方，例如矽谷，一小撮得天獨厚的人開始沉思長生不死的可能性。科技進步意味著第一批可以打破生命自然跨度的個人（不管是把生命延長兩百年或兩千年或活到永遠）也許已經在世。大概美國民主的生命很快就會比住在它裡面一些人看來的要有限得多。讓國家保持活著的必要總是以國家會比其公民更長命的觀念為前提：這也是公民被認為在必要時應該為國家而死的理由。但萬一改為國家被要求為公民而死怎麼辦？長壽的邏輯也許正在改變之中。

川普的就職典禮見證著一個有著小孩政治人格的老人，成為一個身處不自在中年

❷譯註：指舊國王駕崩，新國王繼位。

的國家的領袖，而在這個時候，人類的壽命有限性不再是天經地義。是時候再次思考何謂民主的活著和死去。

我們稍後會回頭談華盛頓。在此之前，我們必須先回到雅典。

第一章

政變

Coup!

當一個國家的民主完蛋，我們總是預期它會完蛋得很壯觀。那是一樁公共事件，在現代史上熟悉有餘，乃至有了自己的一套儀式。民主在全世界已經死過很多次。我們知道那是什麼模樣。它大概是這個樣子：

事前沒有任何動靜，然後坦克車一夜之間包圍了城市，士兵佔領了主要的通訊機構，包括電台、電視台和郵局。總理被逮捕。那個準備好在三個星期後大選中接他位子的人也是如此。國會和皇宮被佔領。士兵發布危險人物名單，名單中人被圍捕和單獨關禁起來。這一切都發生在幾個小時之內。幾個領導政變的上校到國王的週末別墅謁見國王，要求他指定他們為國家的新統治者。他們告訴他：「政變是為了挽救國家而奉你的名義發動。」當生氣的國王質問說：「我的總理在哪裡？我的政府在哪裡？」他被告知：「都沒有了。他們全部被逮捕。」①

上述的城市是雅典，時間是一九六七年四月二十一日夜晚。這次政變的主要開刀目標是安德烈亞斯．帕潘德里歐（Andreas Papandreou），他是他父親喬治奧斯．帕潘德里歐（Georgios Papandreou）的中央聯盟黨內一個左翼群體的領袖（中央聯盟黨有望贏得下次選舉和執政）。武裝部隊有些將領受到美國情報機構的慫恿，懷疑小帕潘德里歐計畫讓希臘脫離北約組織。他們還相信，他會對軍隊進行清洗。經過一番屋頂追逐之後，安德烈亞斯．帕潘德里歐在他的鄉村別墅被捉，送到一間小旅館由武裝警衛看守。到小旅館採訪過他的《紐約時報》記者舒爾茨伯格（Cyrus Sulzberger）在報導中這樣說：「他維持一種英勇態度，但嘴巴四周看來有點灰色，手無法保持安靜——有些人害怕時就會是這個樣子。」②帕潘德里歐有所不知的是，國王康斯坦丁（Constantine）已經要求上校們不得槍斃任何人，以此作為答應他們要求的條件。有二十四小時，這位未來的希臘總理都認為自己生死未卜。

這次政變會成功，是因為它迅速、果斷和出其不意。被捉的人包括武裝部隊首腦，他並不知道手下軍官的計畫。希臘人民帶著他們是生活在民主政體裡的信念去睡覺，第二天醒來時發現他們的信念已不再為真。這政變是一個成功的範例，包含著一個「之前」和一個「之後」，有一系列事件標誌著它們兩者之間的截然不同。四月二十二日，希臘電台中斷了正常的廣播，改為播放軍樂，中間穿插著新政權的命令：廢除政黨，成立軍事法庭，暫時取消言論自由。與此同時，坦克車繼續留在街道上。這場政變的重點是不讓人有不確定發生了什麼事的餘地，因為這是保證人們順服的唯一方法。不然政變就會失敗或演變為內戰。

希臘民主的這種完蛋速度並不意味一個健康的民主政體在一剎那間被掐滅，就像一個本來健壯的人突然死於心臟病發。希臘民主處於不良狀態已有一段長時間。政變的原因如今仍然受到爭論，因為有太多原因可以選擇。這個國家在意識形態上分裂為左派和右派，在體制上分裂為國王、軍隊和國會。不同派系之間互不信任，而派系之中又有派系。選舉並沒有能夠擺平他們的分歧：一九六一年的選舉廣泛被認為是贏家——右翼的「國家極端聯盟」——用涉及暴力的不乾淨手段贏得。好些政治領袖被謀殺，但殺人犯極少被繩之以法。總理不斷換人，由國王任命但沒有得到國會的背書。很難知道是誰在當家作主，也大概沒有人在當家作主。

與此同時，希臘位於冷戰的前沿線上，這讓它涉及的利害關係更大。在那些有眼睛可看的人看來，處處都是中情局涉入的痕跡。舒爾茨伯格被認為是一名中情局間諜——不然他怎麼那麼快就可以採訪到被囚禁的帕潘德里歐？另一方面，如果幕後主使者不是美國人，就會是俄國人。溫和的左翼主義者被指控為暗地裡的共產主義者。被害妄想症和陰謀論都大行其道，受到對土耳其入侵年深日久恐懼的助長。在冷戰期間，得到被害妄想症非常合理，特別是因為希臘之類的國家發現自己是地緣角力的卒子。就歐洲的標準衡量，希臘是個窮國家，而且擺脫全面性的內戰才二十年。它的民主是建立在一個搖搖晃晃的地基上。所以，政變的發生既讓人驚訝，亦毫不出奇。

希臘民主的弱點解釋了政變為何可能發生。也解釋了為什麼發動者覺得有必要發動政變。上校們認為政治分裂給了他們接管政事的正當理由。因為民主行不通，所以必須把它了結。問題是這個解釋不能完全讓人信服。因為民主如果真是那麼軟弱無效，為什麼需要用那麼粗魯的行動去終結它？為什麼要搞逮捕、坦克車和軍樂這一套？如果上校們不是害怕民主，又是害怕什麼？

現在把鏡頭向前快轉五十年。雅典民主再次陷入嚴重麻煩。這個家繼續被意識形態和體制分歧所分裂。經濟情況可悲：希臘經歷了它在現代最嚴重的其中一次蕭條。國家收入的下降比美國經濟大蕭條所經歷的歷時更長且幅度更大。年輕人失業率高於五〇％。陰謀論大行其道，德國人受到很多責怪，被認為應該為希臘的情況負責。選舉並沒有幫助：不管是誰勝選，同一批問題繼續持續。老百姓對民主政治的信賴程度降至歷來最低。

這些條件看來都有利於另一場政變。希臘仍然有一支尚算精良的軍隊：對土耳其入侵的恐懼從來沒有消失。加上憤怒的公民、分裂的菁英、嚴重的經濟困難和外國勢力的干涉，能夠讓民主壽終正寢的元素可說一應俱全。但自從一九七四年秋天之後，希臘就未曾再發生過政變，而且看起來未來也不太可能發生另一次。希臘國會內的新法西斯政黨「金色黎明」（Golden Dawn）固然公然表示擁護軍事獨裁，但它只是個少數派，得票率極少超過一成。軍事接管的現實可能性非常低。如果希臘重演一九六七年的政變，那將不只是一個震撼，還會是幾乎無法解釋。

有什麼發生了改變？首先，往昔的體制分裂是存在於國王、軍隊和國會之間，但如今卻是存在於歐盟、銀行和國會之間。沒有人是口袋裡帶著槍去參加這場爭執。戰爭發生在穿著西裝的男女之間，而他們的武器是試算表。希臘軍隊不是權力鬥爭的積極參與者，只是個旁觀者。

其次，冷戰已經結束。西方民主和它的意識形態敵人之間不再有生存鬥爭。現在，希臘是站在另一種攤牌的前沿線：國際金融和國家主權之間的攤牌。它苦苦應付湧入的難民，包括敘利亞難民。希臘發生的事固然攸關美國利益，但不再被視為和其自身的生死相關，因為美國不用再像昔日那樣，擔心希臘會落入共產黨統治。中情局現在有別的事情要忙。冷戰的壁壘分明變成了俄羅斯涉嫌干預民主政治的混沌——這種干預隨處可見又無處可見。中國人也介入了，但他們沒有把情況軍事化的打算。他們尋找的是投資機會。

除了政治環境改變，希臘本身亦變了。它和一九六七年時的希臘已經是非常不同的國家。它比十年前窮了許多，因為十年來它的GDP下降了大概四分之一。但是，和五十年前相比，它仍然富有許多。在一九六八年至二〇〇八年之間，希臘經濟成長了四倍，人均GDP高達約三萬美元。這個數字現在接近兩萬美元。這仍然讓希臘高於政治學家認為民主社會容易被軍事接管的門檻：只要人均GDP高於八千美元，民主就不會有倒退回軍事統治之虞。為什麼？理由看來很難說得清，但財富變多似乎會改變那些牽涉其中的人的誘因結構。當每個人都有更多可以失去，他們在搞垮整個系統之前就會三思。

與五十年前相比，希臘是個年長了許多的社會。它是目前世界上年齡中位數最高的國家之一：有半數人口達到四十六歲或更老。在當前的危機中，希臘出現的暴力事件相對要少──和一九六〇年代及一九七〇年代更是不能相比。政治暴力是年輕人的遊戲。年輕人的高失業率沒有讓社會變得太不穩定，原因之一是希臘已經沒有太多年輕人。它領養老金的人數要遠多於學生。在人口統計學上，這種情形開始有末期的味道：在一些希臘村莊，每死去十個人才會有一個人出生。自從經濟危機在二〇〇八年開始以來，已經有近五十萬人離開了這個國家，約等於總人口的五%。很多小於四十歲的人仍然住在家裡，靠著父母和祖父母的收入生活。人口的緩慢死亡也許就是希臘民主能夠活著的原因之一。能趨疲（Entropy）取代爆炸性改變成為了政治的預設條件。

老人家還擁有年輕人所沒有的記憶。「金色黎明」的很多支持者都是年輕人。他們不會為該黨和政變時代政權的淵源心煩，因為他們對那段往事沒有記憶，所知也很少。但老一輩的希臘人記得那時候是什麼樣子。那是一個暴力和壓迫的時代。它以失敗告終，由帶來和平與繁榮的政治形式取代。凡在過去五十年生活過的希臘人都不願意就這樣放棄民主制度。當前的危機固然讓人苦苦掙扎，但與更前面的時代相比，民主仍然是一個划算的選擇。

不過，還有另一種可能。除了希臘已經改變與它的政治情況已經改變以外，政變說不定也已經改變。

希臘財政部長瓦魯法克斯（Yanis Varoufakis）二〇一五年在部長任內，花了很多時間擔心政變。他在回憶錄《房間裡的大人》（*Adults in the Room*）憶述了他在那段刀鋒時期的恐懼。瓦魯法克斯不是個不偏不倚的見證人。他在激進左翼聯盟政府任職的時間極短，只有僅僅半年，當時正值希臘的巨大主權債務有潛在違約危機的高峰。作為財政部長，瓦魯法克斯採取一種挑戰希臘債權人（包括國際貨幣基金會和歐盟成員國——特別是德國）的策略，讓它們在兩個選項中選擇：重組希臘債務或面對希臘脫離歐元區的潛在災難性後果。這是一種高風險的方法，因為希臘沒有多少不會造成大規模自我傷害的武器可用，反觀債權人的武器庫卻相當可觀。希臘經濟靠生命支持系統維持，有賴歐洲央行一系列短期貸款支撐。如果瓦魯法克斯對對手進逼太甚，他們就有可能拔掉希臘銀行系統的插頭。部長任內的每一天，瓦魯法克斯都擔心他會在一覺醒來後發現希臘所有銀行關門大吉。

這就是他所謂的政變。這政變不涉及坦克或士兵或逮捕。它只需要一個民選政府被一些它無力抵抗的力量挾持。這種事已經在希臘一個近鄰發生過：

（在二〇一三年，）塞浦路斯剛選出一個新政府。翌日，三巨頭（國際貨幣基金會、歐盟和歐洲央行的代表）關閉島上所有銀行，向新總統口授讓銀行重新開門的條件。雖然覺得不可思議和毫無心理準備，但新總統還是在文件上簽字。③

這相當於上校們在一九六七年對國王所做的事，只差這一次沒有人使用武力。瓦魯法克斯稱之為對三巨頭打算在希臘所做的事的一次「彩排」。他也稱之為「塞浦路斯政變」。

瓦魯法克斯只有一次考慮過發生真刀真槍政變的可能性。在二〇一五年七月，希臘人民在公投中以壓倒性多數通過拒絕三巨頭最新要求的當晚，瓦魯法克斯辭去財政部長職位。事情緣於他向總理齊普拉斯（Alexis Tsipras）堅持，他們應該按人民的意願行事，對抗債權人。齊普拉斯回答說政府不能照人民說的辦，否則「類似政變的事情就會發生⋯⋯共和國的總統和情報機構已經處於『準備就緒狀態』。」④瓦魯法克斯不為所動，桀驁不遜地回答說：「就讓他們蠻幹吧。」

一場推翻公投結果的政變可以標示出民主已經死亡。到時將無人可以懷疑發生了什麼事。瓦魯法克斯害怕的是，政府會在未公開承認人民意願被顛覆的情況下認輸。

那樣的話，認輸將會被打扮成讓民主存活的唯一方法。接受三巨頭的要求等於推翻公投的結果（公投是齊普拉斯自己發起的），但至少希臘的民主可以活下去，待來日再戰。這就是後來發生的事。齊普拉斯繼續在位，並贏得了下次的選舉。瓦魯法克斯則只有寫回憶錄的份。

在上校們專政期間，瓦魯法克斯還是個小孩。他在回憶錄裡顯得對他們極端鄙視。不過，他們倒是有一點是他覺得值得尊敬：他們不隱瞞自己所做的事。上台之後，他們第一個舉動是接管國家電視台。他回憶說：「他們至少願意費事去播出希臘國旗的畫面……配著軍樂播出。」[5]在今日的希臘，電視台仍然扮演重要的宣傳角色，但真正重要的事情**不會**被搬上螢幕。政府和銀行竭盡所能防止壞消息的傳播。因為現在網路有許多資訊管道，消息還是傳播了出去。但新聞來源的眾多也讓人更難知道真正發生了什麼事情。人們都聽自己想要聽的消息，所以沒有人比別人更有智慧。但這在一九六七年卻是不可能的。當時的人別無選擇，只能聽到最壞的消息。

上校們透過確保每個人都知道發生了什麼改變而突出了他們的政變。如果瓦魯法克斯所言不差，那麼二十一世紀的政變就是以企圖掩飾發生了什麼改變為特徵。沒有人知道真相。民主死了！民主萬歲！

不過，希臘民主的故事並不是始自二十世紀下半葉。它可以回溯到很久以前。雅典是民主的誕生地。因為這個理由，它也是反民主的政變的誕生地。現代的代議民主制和兩千多年前古代雅典的直接民主相去甚遠。當時的民主是一個奠基於奴隸制的系統，只限男性參與，要求面對面的互動。政治是波濤洶湧的事情，需要一般公民隨時準備好戰鬥。它適合一個處於近乎永遠戰爭狀態的社會。古代世界的民主政治吵鬧喧譁和消耗時間，而且往往非常暴力。

但在另一方面，古代雅典和當代雅典有相似之處。在運轉了好一陣子之後，古代雅典的民主變得因循守舊。它步入了中年。在西元前五世紀之末，存在了近一個世紀的雅典民主運作得頗為差勁。這個城邦在和斯巴達的漫長戰爭中跌跌撞撞，國庫空虛。受害最深的一般人民變得越來越憤怒。煽動家們煽風點火。但民主制度仍然是唯一選項。當時雅典一個歷史學家這樣說：

> 這個民主制度裡確實有著沒效率和腐敗之處，但市民們仍然覺得可以忍耐，以便從它的優點受惠。在治理城邦這件事情上，煽動家們的能力遠不如聰明的年輕人，但他們也會增加市民的樂趣，因為他們會強化民主，增加其優點。因此他們沒有被趕走。事實上，不管有多少地方需要改變，都不能指望會有任何細節上的改變。所有小弊病都是民主的必要副作用，又由於民主是

不能被替換的，所以不管它有多少弱點，我們都必須接受它。⑥

民主看來對失靈免疫：沒有事情是糟糕得不能歸因於這種從政方式的損耗。如果民主沒有替代方案，那除了忍受它以外也沒有替代方案。*Plus ça change*（越變越不變）。

但突然間，一場政變出現了。尾隨兩年前在西西里遇到的一場軍事災難的餘波，一群年輕的雅典貴族在西元前四一一年夏天用武力接管了國家。一部新憲法被草擬出來，舊政權的知名捍衛者被放逐或暗殺。權力集中在一個稱為「四百人團」的集團手上。能夠加入這個集團的方法是要夠有錢，可以為政府工作而不領薪水，因為公職已經改為不支薪。為了營造民主沒有被完全拋棄的假象，「四百人團」創立了一個五千人會議來為他們的決定背書。沒有人不知道五千人會議只是橡皮圖章。民主被寡頭統治取代。權力落在一個由暴力撐腰的小集團手上。

論人數，四百人對民主制度來說嫌太少，卻多得足以起內訌。分裂出現在保守派和溫和派之間：保守派想要一次就消滅民主制度，溫和派則想讓民主制度苟延殘喘。最後溫和派得勝，並很快把一些實權轉移給五千人會議。然後，軍事政變一年後，在一次對斯巴達始料未及的海戰勝利後，全面性的民主獲得恢復。煽動家們（他們一直是民主最殷切的捍衛者）以三寸不爛之舌成功讓五千人會議相信，只要雅典重新信仰民主，一定會獲得對斯巴達的最後勝利。

舊的憲法被恢復，但增加了一條新的法令：「我將會用語言或行為，透過投票或者雙手，殺死任何在雅典顛覆民主的人……任何人殺死這樣的人，我將會把其視為無罪，是殺死了雅典人民的一個敵人。」事實上，煽動家們誤導了雅典人民，因為不出幾年，雅典和斯巴達的漫長戰爭就會以失敗告終。但雅典人的民主又存活了快一個世紀。

古代的雅典民主是一個強壯和歷經錘鍊的政治系統。就連運作不良時，它的優點仍然多得值得人為之忍耐。所以當它垮掉時，必須是垮得毫不含糊：西元前四一一年的政變是一次由武裝敵人進行的惡意接管。就此而言，它類似於一九六七年的政變。不同之處在於古代雅典的民主夠強健，很快就恢復過來。不到一年，搞政變的人就被去除，法律也威脅說誰膽敢再如此幹就要立刻處死。

就此而言，古代雅典的民主制度成功挺過了中年危機——當時死於中年的人要遠多於現在。它在西元前四〇四年再度顯現出韌性，當時雅典因為敗給斯巴達，權力落在一個三十人軍政府手中。這個安排只維持了八個月，民主便在一場爭奪城市控制權的對戰後恢復。暴力被更多的暴力打敗。軍政府的成員被殺或被放逐。其他曾經依附軍政府的人獲得特赦，這大概是有歷史紀錄以來的第一次「和平與和解」過程。受惠者包括哲學家蘇格拉底，他在譴責軍政府時顯得不甚熱中。在一段時間之後，雅典人民覺得蘇格拉底仍然是一股危險的影響力，乃訴諸民主手段，在歷史上最惡名昭彰的一次擺樣子公審中把他殺死。古代雅典的民主已經懂得了怎樣捍衛自己。

與此相反，一九六七年時的希臘民主相當脆弱，所以才會那麼快速倒下。它是建立在沙堆上。政變按照自己的意願取得成功，把發動者聲稱深惡痛絕的民主失靈帶向終結。但一種失靈只是被另一種失靈取代。上校們當權了近七年。他們最終發生內訌，也因為無力應付一九七三年的石油危機和希臘年輕人（特別是學生）越來越強烈的不滿情緒而癱瘓。當上校們在一九七三年底派坦克到雅典理工學院鎮壓一場靜坐抗議時，體現的不是軍政府的力量，而是無力。翌年，軍政府在處理塞浦路斯的軍事危機時發生嚴重失誤，導致土耳其控制了該島的一部分。面對一場全面戰爭的可能性，民主很快恢復了。長期的停擺讓它獲得強化，因為人民現在知道，民主的替代方案是較差的方案。

今日的希臘民主和古代民主的狂野樣貌少有共通之處，也幾乎完全沒有暴力。這個國家目前沒有戰爭、沒有遇到軍事災難（古代雅典民主幾乎被軍事災難摧毀），也沒有軍事勝利。有錢的年輕人更可能會移民或把時間花在Instagram，不是拿起武器對抗國家。就算希臘目前處於可憐兮兮狀態，大部分人都有比用生命來玩政治更好的事可做。

當代希臘民主最接近瓦解的一次發生在二〇一一年近年底，當時的民選政府對於應該如何應付越來越嚴重的債務危機無法達成共識。一位新總理帕帕季莫斯（Lucas Papademos）在沒有經過選舉的情形下宣誓就任。他原是銀行家，也是卸任總理喬治・帕潘德里歐（Georgios Papandreou）的經濟顧問（喬治・帕潘德里歐是一九六七年在屋頂被上校們追捕的那個男人的兒子）。帕帕季莫斯的內閣由經濟學家和其他專家組成，設法把希臘的經濟改革得符合歐洲央行的要求，以便讓希臘可以留在歐元區。這是一次技術官僚的接管。他的政府僅僅維持了五個月，就因為無法解決僵局而倒台。軍隊並未介入。代之以，它決定舉行一次新的選舉。激進左翼聯盟在選舉中獲勝。二〇一七年五月，帕帕季莫斯遭到行刺：一枚郵件炸彈在他的汽車內爆炸。他只受了輕傷。

在經過近半世紀的運行之後，今日的希臘民主相對穩健。民主始終是希臘政治的預設值，所以甚至當它運作不良時仍然繼續運行。它是唯一選項。選舉仍然進行，與論無拘無束。異議不只被允許，還無處不在。二〇一一至一二年之間的民主停擺期比西元前五世紀晚期的還要短。不過，當代希臘民主和古代的版本毫無相同之處。它不用公共角力來決定誰人當家作主，輸家也不用面對死亡或放逐。大部分重要行動都是發生在幕後。要知道真正發生了什麼事，我們得等到主要玩家寫出他們的回憶錄。就連到那個時候也不能確定他們是不是說出真相。不存在不偏不倚見證人這回事。

今日很少希臘人認真相信自己是生活在獨裁統治之下。如果真有那樣的事情發生，每個人都會知道分別何在。但希臘仍然是一個功能正常的民主政體嗎？它是有著民主的外表，但外表有時會騙人。當前的希臘政府必須順應三巨頭的意志，經濟仍然依賴維生系統，而人民承受苦果。陰謀論大為盛行，但從來沒有陰謀浮上檯面，不像一九六七年或西元前四一一年那樣，陰謀者必須要把他們準備幹的事公諸於眾。固然是有些關於政變的空談——銀行家的政變、技術官僚的政變、德國人的政變，但這些都是隱喻性政變。它們不是來真的。沒有人的手抖得像一九六七年時候的安德烈亞斯·帕潘德里歐。

是什麼讓一場政變貨真價實？在一九六八年，年輕的美國政治科學家勒特韋克（Edward Luttwak）出版了一本薄薄的書，名叫《軍事政變：一本實用手冊》（*Coup D'État: A Practical Handbook*）。用作者的話來說，它類似是一部政治顛覆的食譜，列舉出用武力接管國家包括哪些步驟。勒特韋克宣稱他只是個就事論事的嚮導。「就像煮一道馬賽魚湯那樣，首先你要知道用什麼魚煮湯。」——不過他又警告說，搞錯步驟的後果會比「吃罐頭食物嚴重」。[7]勒特韋克想要制定一些規則，避免菜會被燒焦。不過，顯示政變怎樣才能成功，正好也顯示怎樣才能制止政變：如果民主主義者瞭解炮製政變的正確食材，他們就可以以防萬一，不讓這些食材落入奸人之手。

勒特韋克主張，我們有必要明白政變和宮廷革命的不同。後者只是少數人的私人事務，例如羅馬皇帝被自己媽媽或禁衛軍殺死。它帶來的結果只是一個可任意妄為的統治者被另一個可任意妄為的統治者取代。在這些環境下想要生存，方法就是不要攪和進去。與此相反，政變是奠基於一個這樣的觀念：想要統治就要控制國家機器，包括所有為它工作的人。中立的公務員和其他公職人員都不被允許事不關己或假裝看不見。他們必須宣誓為新政權服務。這就是為什麼一場政變需要小心策劃和有力執行。用勒特韋克的話來說：「政變就是對國家機器一個小而關鍵的部分進行滲透，然後用它來解除政府對其餘部分的控制。」[8]

這個過程會讓人民變成旁觀者：他們能做的只是站在一個距離之外觀看。在一場計畫周詳的政變中，事態會迅速發展，讓民眾來不及反應。這就是為什麼接管關鍵的通訊機構和為新政權展開政治宣傳那麼重要。另外是應該晚上進行，趁大部分人都熟睡的時候。一場政變有需要在儘可能短的時間內變成既定事實。勒特韋克認為，在一個人民對民主有著強烈依戀和容易被動員起來捍衛民主的國家，軍事政變沒有多少成功的機會。在那樣的情況下，光是廣播軍樂是不夠的。如果民主脆弱，它就沒有多少值得捍衛之處。但如果它得到廣泛的支持，就會很難把國家從前政府手上奪走，因為人民不會坐視不管。他們會反擊。

勒特韋克主張，軍事政變的時代在大部分西方民主國家基本上已經成為過去。法國在一九六一年遭遇過一次政變，當時不滿戴高樂將軍的阿爾及利亞法國軍官企圖用武力推翻共和國。政變策劃者相信，戴高樂準備違反軍隊的意願，批准阿爾及利亞獨立。他們在四月二十一日晚上起事，湊巧和六年後的希臘成功政變同月同日。不過法國的政變並不成功。陰謀策劃者被徹底粉碎。

他們為什麼會失敗？首先是，阿爾及利亞離巴黎太遠，政變者沒有辦法控制重要通訊機構或政府大樓。其次是，戴高樂有辦法集結法國人民抵抗武裝接管。盛傳，阿爾及利亞軍隊計畫派出傘兵降落巴黎郊外的機場，再由那裡挺進城市。戴高樂上電視宣布：「奉法國的名義，我命令用盡一切辦法、在一切地方阻止這些人，直到他們被打倒為止。我禁止每個法國人，特別是法國士兵，執行他們的命令。」這個訊息透過電台向阿爾及利亞的法國人廣播。戴高樂日後在他的回憶錄裡寫道：「所有地方的所有人都聽到了我的話。在法國的大都會區，沒有一個人不在收看或聆聽。在阿爾及利亞，有一百萬台短波收音機在接收。從那時候起，革命就受到消極抵抗。這種抵抗每過一個小時便變得越公然。」⑨

以戴高樂為首的法國第五共和並不太算是一個民主政體：它的總統擁有近乎君主的權力。「基本上，我即共和國。」戴高樂喜歡模仿路易十四的口吻這樣說。但法國人民在三年前一場公投中以大比數贊成這種體制，所以也準備好捍衛它。凡是民主受到大眾擁戴的地方，人民在民主受到直接攻擊時就不會袖手旁觀。基於這個理由，軍事政變通常被認為是民主落後的徵象，只有在那些民主來不及生根的國家才可能發生。

戴高樂能夠降伏軍事政變，部分原因是他讓它聽起來很不法國，更適合發生在一個香蕉共和國而不是一個現代的民主國家。在電視上致詞時，他不是稱之為「政變」，而是 *pronunciamiento*，蓄意讓它淪為「拉丁美洲滑稽歌劇的層次。」⑩隨著民主的體質變強，政變的可能性會越來越像一則笑話。

不過，軍事政變不是唯一一種政變。勒特韋克的「食譜」列出炮製民主終結的不同食材，但他只對一類菜式感興趣：對國家進行軍事接管。然則，還有哪些方式可以讓民主被顛覆？美國政治科學家貝梅（Nancy Bermeo）最近區別出六種不同的政變，軍事政變只是其中之一。其他五種是：

- 行政政變：當權的人把民主制度束之高閣。
- 選舉日投票舞弊：對選舉過程動手腳，使之產生特定結果。
- 追認性政變：接管民主的人事後舉行選舉，合法化他們的統治。
- 行政權擴張：當權者暗中削弱民主機構的權力而沒有推翻它們。
- 策略性選舉操縱：舉行不盡自由和公平但沒有公然舞弊的選舉。⑪

這些政變無一需要士兵在暗夜潛行，逮捕政府要員。因為這些政變要不是由政府自己進行，就是被裝扮成為不是政變。大多數時候是兩種情形兼具。

不管你用什麼方法分類這些不同的政變，它們之間都有一個根本分別：有些政變為了成功，有必要清楚表明民主已經過去；另一些政變則必須假裝民主仍舊安然無恙。軍事政變屬於第一個範疇，但其他政變（特別是後面三類）則傾向屬於第二個範疇。這些政變是為了保持門面。人們操縱選舉，是因為選戰的勝利讓他們獲得統治的合法性。追認性政變和行政權擴大需要民主的門面被維持，因為這些政變的成功有賴人民相信民主繼續存在。對一些政變而言，民主不是敵人。它為顛覆提供掩護，這讓它成為策劃陰謀者的朋友。

如果老是著眼於軍事政變，我們就會對在哪裡和何時有可能發生政變產生錯誤印象。貝梅指出，軍事政變、行政政變和選舉舞弊作為奪取權力的方法已經衰落很久——隨著民主更加穩固，越來越難用武力或明擺著的作弊推翻它。在一九六〇年代，希臘的民主是那麼的衰弱，乃至上述三種政變一應俱全：一九六一年的「暴力和舞弊」選舉，當時的選舉結果廣被認為是作弊產生；一九六五年的「保王派政變」，當時國王未得人民授權就解散了民選政府；一九六七年的軍事政變。當代希臘看來不會發生類似的事件系列。在已確立的民主政體中，並沒有多少空間可以透過威嚇人民而讓他們順服。

不過，一旦民主成為了預設值，其他種類政變發生的可能性就會增加。民主越是被視為理所當然，不用顛覆手段去推翻它的機率就會提高。其中尤以行政權擴大——民選的強人對民主口惠而實不至——看來是二十一世紀民主的最大威脅。它看似正出現在印度、土耳其、菲律賓、厄瓜多爾、匈牙利和波蘭。不無可能，它也正在美國發生中。問題是我們很難確定它有沒有出現。軍事政變和其他種類政變的一大差異在於前者是一刀切的事件，而後者是漸進的過程。前者會在幾小時內成功或失敗，後者會進行了好幾年卻仍然沒有人知道它們成功與否。劃分界線變成困難得多。不只是這樣：當人們等待真正的政變自我披露時，一點一滴的政變也許早就上路。

貝梅指出，面對漸進式政變，最大的難題是知道怎樣去反對它們。「那些被侵蝕而不是打碎的民主往往缺乏可以點燃行動的火花。」[12]沒有一個單一時刻可供民主的力量集結來對抗它。代之以，政治的內訌會產生一系列被兩邊看成不一樣的脫臼對抗：當政權的反對者高喊「政變」時，它的捍衛者會說這些指控是誇大其詞和歇斯底里。那些自視為民主最後防線的律師和記者，會被另一邊的人說成只是另一個「特殊利益」群體，利用民主為自己牟利。

勒特韋克對政變的定義的一部分仍然可以維持。如果民主行將被顛覆，那麼作為整體的人民必須是袖手旁觀。只要群眾起而反對它，則沒有政變可能成功。這時候，唯一的後果就是政變失敗或爆發內戰。不過，有一個以上的方法可以讓群眾保持沉默。軍事政變是以威嚇和強制作為基礎，但一場躲在民主背後的政變卻可望利用群眾的固有消極性存活。畢竟，在運作最良好的民主國家中，大多數時候人民本來就都是旁觀者。他們看著被選出的代表為他們做出政治決定，然後在下一次選舉中給他們打成績。如果這就是民主變成的樣子，那它就會為動搖民主的企圖提供絕佳掩護，因為兩者看來異常相似。

當代政治學提出了一系列術語來形容這種情況：「聽眾民主」、「觀眾民主」、「平民民主」。但這些用語都太溫和了，「殭屍民主」也許要更貼切些。其基本觀念是人民只是觀看一場表演，到了適當時候再給予掌聲或不給予掌聲。民主政治已經變成了一場精心製作的大秀，需要越來越有個性的表演者來吸引大眾的注意力。許多民主國家越來越依賴公投的情形正符合了這種模式。一場公投貌似民主，實際上卻不民主。觀眾只是被拖上舞台，對一道他們沒有參與設計的題目答「好」或「不好」。然後民選代表會接手，去決定選民的意見應該作何解釋，而選民只能在一旁觀看，很多人對於沒有機會扮演進一步角色感到越來越挫折。如果有必要，會舉行另外一場公投來決定第一場公投的結果是否成立。不是每場公投都是一次「追認性政變」，但舉行公投乃是實行「追認性政變」的方法之一。

在這方面，讓公投特別有效的是它們可以被打扮成為顛覆民主的對立面。試問有什麼比問整體人民他們想要些什麼更加民主？問一個直接的問題可以獲得一個直接的答案。通常這答案會以要求更多民主的形式出現。英國的脫歐公投被說成是直接民主的範例。它靠著一個加強直接民主吸引力的口號而贏得：「取回控制權。」但選舉結果卻是把更多控制權轉移給行政當局，它的任務變成是決定英國人民想要些什麼。現在行政當局和英國議會正在格鬥，設法在脫歐後繼續保有那些權力。由於發起公投的首相因為公投結果而去職，沒有人可以主張脫歐公投是「行政政變」的一個成功例子。不過，它倒是顯示出大眾對更多民主的要求有多麼容易適得其反。

然而，老式的軍事政變並沒有在每個地方都死翹翹。二〇一七年年底，一場政變讓辛巴威總統穆加比（Robert Mugabe）下台。這場政變大體上追隨古典模式，只是出之以慢動作。穿著全套軍服的將軍們佔領電視台，宣布他們的目的是起訴「罪犯」。坦克出現在首都哈拉雷（Harare）的街頭。只不過，穆加比最初沒有按照政變發動者給他的稿子唸，結結巴巴地表示拒絕辭職，讓坐在他兩旁的軍人大為困惑。但他還是在三天後辭職。

埃及最近與民主的調情有著軍事政變的所有正字標記。二〇一三年，軍方首腦推翻了穆爾西（Mohammed Morsi）的民選政府，逮捕其主要成員並擱置憲法。總統大選在翌年舉行。策劃政變的塞西將軍（Abdul Fatah el-Sisi）贏得了九七％選票。

不管情況變得多惡劣，美國看來都非常不可能走上同樣的道路。美利堅合眾國太富有、太年長和太路徑化，不會去搞這一類政治。當代美國和當代埃及（更不要說今日的辛巴威）是非常不同的社會。川普固然仰慕世界上很多強人（包括賽西），但這並沒有讓他成為他們的等值體。不過，如果和它自己的過去相比，美國也是一個非常不同的社會。它一度是一個埃及。

今日的埃及是個相對年輕的社會：它的年齡中位數大約二十四歲，與一九三〇年的美國大致相當。埃及不是一個富有的社會。人均GDP大約四千美元，亦是與一九三〇年的美國大致相當。它的失業率高達十五％左右，類似一九三〇年的美國（不過，在美國的情況，拜經濟大蕭條之賜，這個數字行將高得多）。當然，今日的埃及和一九三〇年代的美國仍然有著重大差別：在一九三〇年代，美國的很多民主機構業已比埃及今日的民主機構更加強健和歷經錘鍊。軍隊在當代埃及的重要性遠高於在一九三〇年代的美國。美國也沒有穆斯林兄弟會的等值體。然而，如果我們準備主張埃及的一場政變可以讓西方民主學到教訓，那我們必須正確應用那教訓。在一九三〇年代，因為有一些皮爾斯．朗（Huey Long）之類的煽動家和潛在獨裁者存在，美國不是不可能發生政變，民主不是不可能瓦解。哪怕受限於制度性約束，社會條件讓這種情形成為可能。一九三〇年代的美國和二十一世紀的埃及，共通處比二十一世紀的美國和這兩者的共通處要多。

兩次世界大戰之間的時期，整個西歐的民主最終崩潰。到了一九三〇年代晚期，在英語世界之外，已經沒剩多少民主國家。在其他幾乎任何地方，穿西裝的人都被穿軍服的人取代。當我們今日談到倒退回一九三〇年代的危險時，我們擔心的是這個：民主垮台的骨牌效應。所以有一點必須搞清楚：有些地方比其他地方更有可能讓一九三〇年代的歷史重演。那些最不可能歷史重演的地方就是第一輪發生過的地方：今日的德國幾乎在任何方面都不同於一九三三年的德國。法國和五十年前的法國相比也是一個不同的國家。義大利短期內不可能出現軍事獨裁。就連希臘看來也把獨裁政治留在了背後。

最難以確定會不會歷史重演的，是那些介於今日美國和今日埃及之間的國家。例如，今日的土耳其是一個民主根柢相對較深的國家。自從在一九二三年成為共和國之後，它大部分時間都是由民主政府管治。不過，它的民主歷史也反覆被軍事政變打斷：一九六〇年、一九七一年和一九八〇年各發生過一次。每一次，軍隊都介入，取民選政府而代之。

一九八〇年的政變遵循勒特韋克描述的典型模式，由六個將軍構成的軍政府在一夜之間奪權。他們把坦克派到首都街頭，下令逮捕政府主要成員。雖然如此，它也是一場「追認性政變」，因為軍隊承諾一等秩序恢復就恢復民主。土耳其軍隊傳統上以憲法的守護者自居，反對那些奉伊斯蘭教之名顛覆憲法的人。每次政變的幾年之後，軍方都讓文人政府重新上台，但會用半隻眼睛盯著新政府看：如果事情沒有按照將軍們樂見的方向走，他們隨時準備好再次介入。

土耳其自從一九八〇年之後就沒有再發生過軍事政變。只不過，軍方在一九九七年要求總理辭職，並得償所願，當時並未使用武力。他們光是用暗示便已足夠，所以有些人稱之為第一次「後現代政變」。二〇〇二年，艾爾多安的「正義與發展黨」贏得大選，被視為對軍事干涉的一次責難。五年後，艾爾多安提名一個伊斯蘭主義者為總統，公開與軍方攤牌。將軍們警告說，他們已準備好再次介入，以保護共和國免受伊斯蘭主義者接管。但是艾爾多安譴責軍事干預的威脅，並在選舉中獲得壓倒性支持。接下來幾年，艾爾多安進行了一系列改革強化自己的權力，進一步侵蝕政教分離的原則。他是打著民主的旗號實行這些舉措。

然後，在二〇一六年七月十五日晚上，土耳其發現自己身陷另一場軍事政變的漩渦之中。坦克車出現在伊斯坦堡街頭，士兵們佔領了主要的運輸和通訊樞紐，並準備逮捕包括艾爾多安在內的主要政府成員。這一次，政變失敗了。艾爾多安模仿戴高樂的招數（但把它升級到社交媒體的時代），在凌晨時分出現在網上，譴責政變，要求老百姓走上街頭抵抗。他的呼籲起了效果，不到十二小時，政變便因為受到大規模民眾反抗而告失敗。雖然艾爾多安在政變前幾個月越來越不受歡迎，但這一次，他的很多反對者卻站在他這邊，反對軍事統治的威脅。

在接下來的日子，艾爾多安利用這種支持鞏固權力。他把政變歸咎為他的前盟友和死敵居連（Fethullah Gulen）指使，指其支持者大量滲透到軍隊和教育系統，企圖推翻政府。艾爾多安對軍隊和大學進行了整肅，囚禁了大量反對他的政治家、記者和教育工作者。二〇一七年，他發起一項大大擴張總統權力的公投（他如今是總統），並取得險勝。其中一項措施是廢除軍事法庭——一項受歡迎的改革。他是打著民主的旗號實行這些舉措。

土耳其政治的當前狀態顯示出，當民主成為政治的預設值，民主及其顛覆之間的界線有多麼模糊。很明顯地，二〇一六年的政變失敗是出於勒特韋克預見的理由：當人民拒絕當旁觀者，軍隊就很難推翻民主制。人民拯救了艾爾多安的政權。不過，民眾對民主的捍衛也為大規模的行政權擴大創造出條件。作為一個結果，艾爾多安的個人權力大大增加。他小心翼翼，把擴權說成是為了保護民主，以防未來再次出現軍事接管的可能。

與此同時，艾爾多安的行動成為範圍廣闊的陰謀論的主題。這些陰謀論奠基於一個假設：在政治學，唯一值得問的問題是「誰是受惠者」。在很多觀察者看來，七月一五日晚上發生的事情太不可信。以居連這麼一個住在賓夕法尼亞州郊區的流亡人士，真有能力主導那麼精密的陰謀嗎？受惠者是艾爾多安。根據這種思路，他必然是政變背後的人。失敗的政變原來是顛覆民主的幌子。

二〇一六年七月的未遂政變，可以同時被看成對民主南轅北轍兩種威脅的證據。僅憑表象看，威脅是來自軍隊：土耳其的民主仍然非常脆弱，有可能會被武力推翻。但如果那政變被假定是假貨，那麼威脅便是來自民選政府：土耳其民主現在穩固有餘，以致群眾的支持變成了獨裁者的掩護。沒有讓各方都滿意的證據可以決定哪一種觀點正確。

有可能，土耳其現在是一個軍事政變不再具有現實可能性的社會。這不是一件可以證明的事，因為證反（prove a negative）是不可能的。它只可以被一次成功的政變否證。這是一個鏡子的世界，其中沒有什麼必然是它們看起來的樣子。一場失敗的軍事接管不代表軍事政變的威脅是真實。它也可以是表示民主沒有面對這一類威脅，那樣的話，民主的真正風險就是從內部受到顛覆。

沒有食譜可以幫助我們弄懂發生了什麼事，因為用同一種方式烹調同一批食材，有可能會端出兩道完全不同的菜。

美國不同於土耳其之處不亞於它不同於埃及之處。不過，土耳其的情形仍然有些教訓可供最穩固的民主政體借鏡。透過鏡子看，一度看似是民主的威脅有可能會變成捍衛民主的要塞，而民主的一度支持者有可能變成它的最大威脅。撐起民主也許會成為讓它最終倒下的祕方。

在一個穩健的民主政體，將軍們必須聽命於文人政府。替代選項是將軍們拒絕接受命令，而這等於是政變。但在一個民主制度被用來掩飾越來越集權於中央的國家，相反的情形也許才是事實。行政當局能夠讓軍人們服從的能力，也許就是促進民主漸進死亡的方法之一。

法律學者阿克曼（Bruce Ackerman）認為，過去五十年來美國政治的一大特徵表現在行政部門的一連串擴權。最大一項擴權是把軍隊政治化，即把軍方將領越來越納入行政當局。面對一個頑抗的國會，總統轉向找軍隊幫忙，把事情辦好。阿克曼看見這其中包括兩個危險。一是一個屈從的最高統帥也許會因為凡事聽命，而讓一個一個極端主義總統的權力大大增加。另一是總統會對將軍們言聽計從，因為他們已經成為政府不可或缺的部分。這樣，三軍總司令就會變成本質上是軍事統治的虛位元首。到底是將軍們聽命於政治家還是政治家聽命於將軍們？一旦界線變得模糊，就很難可以確定。

阿克曼透過一系列的總統任期追溯了這個過程。它是由緊急事件對黨派政治越來越大的挫折感所驅動。柯林頓是因為在共和黨控制的國會的掣肘下想要發起一些倡議，而尋求擴大總統的自由裁量權。小布希在九一一之後是為了促進反恐戰爭而這樣做。歐巴馬是為了打擊基地組織和伊斯蘭國而這樣做。阿克曼認為，隨著美國總統專走抗力最小的道路，美國的民主政治越來越無法無天。但他們的做法不同於政變。幾位總統都無意顛覆憲法。但萬一你碰到一個對憲法沒有熱忱，又把任何對行政權的反抗視為背叛民主行為的總統時，又會發生什麼事？當該總統把許多退休將領延攬到政府的話會發生什麼事？當你有了一個叫川普的總統時，會發生什麼事？

寫作於二〇一〇年，阿克曼擔心一個未來的右派總統也許會「堅稱這個國家無法再容忍數以百萬計的非法移民，決定要把他們拘捕和遞解出境。」他又擔心一個未來的左派總統也許會「妖魔化銀行，指控它們在搞一個大陰謀……要求即時把它們國有化。」⑬這些情況都讓人非常擔憂。屆時不只軍人，就連公務員和其他公職人員都必須決定自己的立場。現代國家不同於古羅馬：它不是你可以採取觀望，等待風暴過去。你要麼是按照吩咐做，要麼是不按照吩咐做。一旦民主政治受到「行政權擴大」的挾制，拒絕遵從就有可能會被誣衊為民主的敵人。

仍然有其他選項。公務員可以辭職，不過這樣的話，他們就會被聽話的官員取代，又或者他們的職缺根本不被補上。較極端的做法是留在崗位上但拒絕服從命令。將軍們不可能拒絕把發射核武的密碼交給川普而不致動搖民主的基礎。但他們可以私底下決定拒絕接受川普啟動核武的命令。萬一川普作出了不顧後果的行政決定而威脅到美國乃至世界的生存怎麼辦？這時候有可能奉民主的名義違背他的命令嗎？

對此，美國現代史提供了至少一個先例。在一九七四年夏天，尼克森總統職位岌岌可危期間，國防部長史萊辛格（James Schlesinger）因為非常擔心總統的神智狀態（尼克森嚴重憂鬱和大量喝酒），所以吩咐軍隊不要按照總統的命令行事，特別是有關核武的命令，除非命令先得到史萊辛格自己或者國務卿季辛吉的認可。他還計畫在華盛頓部署軍隊以防總統權力無法和平交接。這一類行為存在於一個「政變不是真正政變」的模糊空間中。現在，在川普當總統的情況下，模糊空間的面積擴大了。

讓事情更加模糊的是史萊辛格是在事隔多年後才披露自己的決定，也就是事過境遷之後才披露。在他那樣做的當時，一切都是祕密進行，因為一旦事情曝光，他將有可能被指控為策劃政變。如果顛覆民主是發生在民主的掩護下，那麼，對顛覆的顛覆也必須是發生在掩護下。一切都不披露。這是勒特韋克描述的軍事政變的鏡像。在過去，一次成功的政變有賴於讓人人知道發生什麼事，但現在，政變和反政變都要求讓儘可能少的人知道正在發生什麼事。

陰謀與密謀的地下世界在政治小說要比在政治學容易描述。它依賴於參與者才知道的事情，而他們要等到事件過去很久以後才也許會透露真相。最容易勾勒它的方式是設法想像參與者搞些什麼。我們有時候必須把它虛構出來。

《衛報》記者弗林德蘭（Jonathan Freedland）以筆名包恩（Sam Bourne）在二〇一七年出版了一本名為《殺死總統》（*To Kill the President*）的小說。[14]小說的情節完全荒謬但又張力十足。故事講述一個右派總統（大體以川普為藍本）因為一時憤怒，威脅說要用核武攻擊北韓。他的國防部長和幕僚長認定他們別無選擇，只得把他殺死，因為所有其他選項（辭職、拒絕服從命令和公開譴責）只會把問題變得更糟，讓總統有藉口去攻擊他的敵人。與此同時，總統的主要策士（大體以班農為藍本）得到了有人企圖行刺總統的風聲，決定用它來架構一個伊斯蘭主義者陰謀，以便可以進一步鎮壓任何被視為非美國人的人。所有這一切都是發生在關起的門背後，由社交媒體時代震耳欲聾的談話聲作為遮掩。就在大眾自四面八方大喊陰謀和政變的時候，真正的顛覆活動是發生在社交媒體搆不著的地方，當到處都有陰謀指控出現時，可以隱藏一個真正陰謀的空間就會擴大，因為沒有人可以見樹又見林。

這種事不一定需要一個右派總統，也不會只是發生在推特的時代。在穆林（Chris Mullin）一九八二年的小說《一場非常英國的政變》（*A Very British Coup*）中，一個左翼主義者靠著承諾全面國有化、銷毀核武和退出北約組織，帶領本黨贏得英國大選，成為首相。⑮建制派的力量聯合起來抵制他，在報紙造謠、搞亂經濟和鼓勵軍隊不服從。這一切都沒有披露自己的真面目，因為陰謀策劃者謹慎地用民主政治的門面包裝他們的行為。這場政變因為沒有人知道它的發生而成功了：首相以健康欠佳為由辭職，由他的副手取代，而這副手湊巧是被特務組織收買。大眾當然有懷疑，但大眾本來就總有懷疑。民主生活的戲劇吸收了證據，沒有讓任何人察覺到。

弗林德蘭的小說目前因為真的有一個右派總統當選而更觸及癢處。穆林在一九八〇年代時是工黨的國會議員候選人，也是年輕的柯賓（Jeremy Corbyn）的盟友。穆林不太可能曾經想像柯賓也許會是把他的小說內容付諸測試的人。兩個人都是本恩（Tony Benn）的追隨者。本恩曾經有很多年是英國左派的最大希望所寄，但從沒有太接近當上首相。反觀當我撰寫本書的時候，柯賓成為英國首相的前景卻非常高。最後，類似的事總會發生。桑德斯（Bernie Sanders）在二〇一六年的美國總統大選中追得很緊。梅蘭雄（Jean-Luc Mélenchon）在二〇一七年的法國總統大選中追得很緊。總有一天，一個左派的總統或總理會在一個主要民主國家中贏得選舉，讓政治建制可能走向不擇手段。

當那樣的事情發生，我們會得到一場非常美國、非常法國或非常英國的政變嗎？答案是，不管發生了什麼事，我們對真正發生了什麼事都不會達成共識。我們有在二〇一五年得到一場非常希臘的政變嗎？政變以前都會帶來清晰，但對政變的談論現在卻成了清晰的敵人。一邊看見了一場政變，另一邊看見的卻是民主按照它應有的方式運作。這不光是左右對峙造成的。川普是帶著一個承諾就職：如果北約不減輕美國的財政負擔，美國就要退出北約。在他政府裡幫忙的軍人說服他打消主意。這是表示總統的意志因為受到不是民選的力量所阻礙，民主就受到了顛覆嗎？還是說它表示民主按它應有的方式運作，因為總統的意志受到了拘束力量的節制？對這個問題，不會有讓所有人都滿意的答案。與此同時，聾人之間的對話繼續進行著。

脆弱的民主之所以容易發生軍事政變，因為它們的機構吸收不了正面的攻擊。強壯的民主對正面攻擊相對較有免疫能力，因為它們的機構富有彈性。這樣，一個結果就是，對穩定民主的攻擊是來自兩邊。它有一些會偏斜成為閒談：作為黨派政治背景雜音的總是對背叛、失敗和危機的談論。它有一些會走入幕後：在那裡，真正發生了什麼事只有房間裡的大人知道。這些現象彼此互相回饋。對民主的終結的閒談是躲在幕後對民主進行漸進式攻擊的絕佳掩護。與此同時，漸進式攻擊有助於餵養對於失敗的談論。

強壯的民主擁有脆弱的民主所沒有的一切優點，只差一樣：當脆弱的民主完蛋，它會知道自己完蛋。一九六七年的希臘民主就是這個樣子。情況如今已變得不同。現在，如果發生政變，它們都沒有帶著致命一擊。沒有清晰的「之前」和「之後」，有的只是介乎兩者之間的模糊空間。

一場成功的軍事政變有賴一個成功的陰謀。它對於那些在接受端的人來說，必須是祕密、緊湊和意外。只有當軍事政變開始以後，陰謀策劃者才會披露自己的意圖。軍事政變的死亡也帶來了這一類陰謀的終結——在一個穩健的民主國家，陰謀成功的可能性太低了。但軍事政變的衰落無可避免會帶來陰謀論（conspiracy theories）的興起，讓一個個無人可知其真假的陰謀蹦出來。

我們現在所謂的陰謀論毫不新鮮。它們歷史久遠。古代雅典的民主充斥著對陰謀集團的懷疑。想像有隱藏的小集團設法顛覆它乃是民主的生命之血。理由有二。首先，民主容許普通人說出他們的感覺，而人們的感覺常常是受到欺負。如果是誰欺負他們並不明顯，那一定是因為罪魁禍首把行徑隱藏起來。其次是，罪魁禍首確實會設法隱藏他們的行徑。讓陰謀論持續的是它們會斷斷續續和真正的陰謀匯流。在西元前四一二年，那些宣稱雅典將會被一個為斯巴達人工作的寡頭小集團接管的人只是在販賣荒誕不經的謠言。一年後，他們只是實話實說。

現代民主沒有兩樣。雖然陰謀論一詞是相對新近的發明（是一九六〇年代之後才流行起來，部分是由甘迺迪遇刺引發的許多疑心病助長），它描述的現象為時要早得多。民主政治在十九和二十世紀的演化伴隨著一種揮之不去的懷疑心理：所謂的民主只是假貨，一群祕密菁英份子繼續在幕後指導一切。這種懷疑是受到一個事實助長：代議民主制確實強化了菁英份子的權力，而且他們又確實是在關起的門後面談成大部分的事。任何讚美開誠布公而又私底下持有祕密的政治系統，都會創造出讓陰謀論大為繁榮的空間。

在暴政之下，陰謀論者總是政權裡面的人，他們到處都看得見針對他們而發的陰謀。對高壓政權的受害者來說，陰謀論毫無價值，因為真理無處可躲：欺騙和暴力是國家的做事方式。你看到的就是你得到的，哪怕你得到的只是一個謊言。在民主政體，讓陰謀論者得到彈藥的，是民眾政府（popular government）的承諾和高層持續講究人脈之間的落差。

當然，在民主國家，並非每個公民都是陰謀論者。理由很簡單：代議民主制並不完全是假貨。菁英是可以被那些設計來限制他們勢力的制度所拘束。有錢人和好出身的人並不總是能夠為所欲為。很多人可以感受到民主的好處，包括它帶來的尊嚴和物質利益。儘管如此，陰謀論者通常是那些感覺民主的好處到不了他們身上的人。任何民主制度都總會有贏家有輸家。用美國政治學家伯倫特（Joe Parent）和烏辛斯基（Joseph Uscinski）的話來說：「陰謀論是為輸家而設。」⑯

這一點可以用歷史數據證實。伯倫特和烏辛斯基的研究顯示，美國過去一世紀以來政治陰謀論的盛行和權力的分布息息相關。⑰那些感覺被排除在權力之外的人會更加相信權力是被一個用詭計運作的反民主力量奪走。相信民主是被祕密組織挾持的人口比例相對穩定：在任何時候，都會有四分之一到三分之一的美國人願意為這一類陰謀論背書。但哪些人會願意背書，則端乎是哪個政黨佔據白宮而決定。

當一個民主黨人當總統，共和黨選民就會傾向於認為政府落入了外國代理人的控制，相信這個總統暗地裡是個共產黨員或穆斯林，又或是以其他方式總之就不是真正的美國人。當一個共和黨人當總統，民主黨人就會傾於向相信民主受到了華爾街的挾持或政府收了石油企業的錢。當小布希當總統時，民主黨人是陰謀論者；當歐巴馬繼任總統之後，換成共和黨人是陰謀論者。如果你的一邊勝選，民主就會比你們敗選可貴得多。有些人輸不起，把敗選視為系統設計成對他們不利的證據。只有一場勝利可以改變他們的想法。

最堅持的陰謀論者是那些感覺自己絕不會在民主政治底下勝選的人。對英國選民的一項近期調查顯示，那些感覺自己被永遠剝奪投票權的人最相信陰謀論。[18]如果你支持的政黨沒有機會贏得權力（特別是在兩黨制的架構底下），你就會覺得民主對你偏頗。如果你沒有支持任何政黨，情形會更糟。舊日有一句無政府主義口號是這樣說的：你投票給誰沒有分別，因為政府總會上台。會這樣想事情的不只是無政府主義者。任何不再相信政治改變有可能發生的人都會懶得投票，而任何不再投票的人都會覺得制度忽略他們，對他們的觀點置之不理。

這潛在是一個惡性循環。不過它卻有侷限性。只要有夠多的選民願意把政黨的勝選視為他們個人的勝利，民主就可以保持運作。危險出現在永遠的輸家數目要多於偶然的贏家：這時候，陰謀論就會從一種少數人的消遣變為多數人的追求。我們也許正處於這種轉變的中間。

作為一個結果，二十一世紀有可能開始看似一個陰謀論的黃金時代。它們現在看似無所不在。它們有一些是假象，是因為任何怪誕想法都會在網路時代獲得更大能見度導致。在以往，相信英國皇室是人形蜥蜴的人極少機會碰到想法相同的人，但在今日，英雄所見略同的陰謀論者彼此卻只相隔滑鼠一鍵之遙。高能見度不代表這一類怪誕觀念比過去更多，只表示持有它們的人更容易聚集成群。網絡效應（越多人使用的東西越有價值）對爛觀念和好觀念同樣適用。越多人信奉一個陰謀論，別人就越有理由加入他們。社交網絡提供數目上的安全。

但有其他事情正在改變。陰謀論不再只是為輸家而設。贏家也一樣相信它們。川普從競選總統的一開始就大力促銷一個有關歐巴馬總統的陰謀論：他不是美國公民。這個「出生地質疑者」運動本質上是一種輸家政治：那些相信歐巴馬不會為他們說話的選民認定，他不會為他們說話是因為他暗地裡是個外國人。川普競選期間大多數時候都如此主張，直到大選日逼近才不情不願拋棄這個主張。但他沒有拋棄它代表的心態——就算勝選之後也沒有。作為總統的川普繼續從橢圓形辦公室叫賣陰謀論。他指控他的敗選對手是透過選舉舞弊贏得全民投票。他指控主流媒體蓄意製造假新聞，動搖他的信譽。他指控前任總統竊聽他的電話。這些說法不是極少證據就是毫無證據支持。贏家川普表現得就像個輸家。他這樣做是為了鞏固他賴以勝選的說詞和迎合他的核心選民。

川普勝選後，被打敗的民主黨人迅速從反駁有關歐巴馬的陰謀論改為散播新的陰謀論。川普迅速被他是俄國人傀儡的指控淹沒。他和他的追隨者以他們懂得的唯一方式還擊。他們以陰謀論回敬民主黨人，說**他們**才是俄國人的走狗，說**他們**是製造假新聞的人。今日陰謀論看似無所不在的原因之一，是兩邊的人不再輪流質疑對方的善意。現在，他們會同一時間這樣幹。

這種現象在一個民粹主義當道的時代是完全典型。不管從左派還是右派的立場出發，民粹主義的基本觀念都是：民主已經被菁英從人民那裡偷走。為了把民主要回來，必須把菁英從他們躲藏的地方揪出來，不讓他們對民主繼續口惠而實不至。陰謀論是民粹主義的邏輯。川普的就職演說是這種思路的簡潔表達。它的修辭讓川普和世界上其他民粹主義領袖口徑一致——他們是以非常類似的方式架構政治。

在土耳其，艾爾多安對政治反對聲音的標準解釋是說他的敵人陰謀對土耳其人民不利。這些陰謀份子不是只有居連和他的追隨者，而是還包括歐盟、國際貨幣基金會和「利率遊說團」（艾爾多安對猶太人的簡稱）。在波蘭，由「法律與公正黨」領導的政府反覆把它碰到的問題歸咎為「系統」（The system）作祟。這個「系統」是由非民選官員和受外國間諜滲透的機構構成。「法律與公正黨」的共同創立人暨領袖雅洛斯瓦夫．卡臣斯基（Jarosław Kaczyński）這樣說：「這是關於民主是否能夠作出決定，不受被外國人收買的一小撮人和不為波蘭利益服務的國內勢力擺佈。」⑲在印度，莫迪（Narendra Modi）就像川普一樣，常常用推特炮轟那些陰謀拉他下台的人（從外國勢力到印度的「深層政府」）。與此同時，莫迪的反對者則散播有關他越來越荒誕不經的陰謀論：他的選舉勝利是靠操縱選舉贏得；他是巴基斯坦的代理人；他是猶太人。民粹主義會在對立各方促進疑神疑鬼心理。

一旦製造陰謀論被弄成為一套管治哲學，它就會自我加強。選民不再會輪流質疑系統受到操縱。不管是贏是輸，所有黨派都會把民主看成是對他們不利的陰謀。要怎樣打破這個循環？很難。一個方法也許是讓真正的陰謀被公諸於世，以證明有人是對的。但正如我們所見，政變現在已不再是它們過去的樣子。另一個方法是把假的陰謀論拆穿，以證明有人是錯的。但這種事極少發生。發生在土耳其的失敗政變什麼都解決不了，因為它證實了各路人馬都想要相信的事情。它同時被認為可證明艾爾多安是一個陰謀的受害者，又可以證明他是同一個陰謀的發起者。

二〇一〇年，波蘭總統和雅洛斯瓦夫的哥哥列赫．卡臣斯基（Lech Kazcynski）前往俄羅斯西部斯摩倫斯克附近的卡廷森林，要出席紀念二萬波蘭軍官在一九四〇年被史達林政權謀殺的儀式，不料途中墜機身亡。雅洛斯瓦夫和他的支持者把意外歸咎於「系統」——這次的「系統」包括俄羅斯、歐盟、自由派建制、共產黨人和猶太人。多次調查皆顯示空難只是出於機師在惡劣天氣中的人為失誤。但不信者恆不信。又如果現在有個進一步的調查找到證據證明俄國牽涉其中，一樣不會有差別。因為對任何傾向於不同意的人來說，它只是證明了新的調查是一個政府陰謀的一部分。人們會越來越相信他們想要相信的。民粹主義政治受到這現象的餵養，也為它推波助瀾。

如果我們想要為這些當代政治的特徵找到歷史類比，是可以找得到的。不過我們需要往正確的地方去找。那表示要踏出二十世紀。一八九〇年代比一九三〇年代更能充當我們當前動盪的嚮導。一九三〇年代是個陰謀的時代：這十年（開始於威瑪共和國的臨終痛苦掙扎，結束於德蘇互不侵犯條約的簽定）有夠多的真正陰謀可以滿足最疑神疑鬼的心靈。但一八九〇年代卻是陰謀論的時代。

民粹主義這東西一點都不新鮮。它在民主社會的興起有賴以下這些特定條件：經濟蕭條、技術變遷、不平等擴大和沒有戰爭。今日不是這些條件第一次齊備，它們在十九世紀晚期一樣齊備，其時，民主政治受到一波民粹主義憤怒大浪潮的席捲。當時一如今日，這憤怒是孕育陰謀論的一片沃土。

一八九〇年代是美國現代史上陰謀論總量顯著增加的少數時期之一。今日之前的另一次是一九四〇年代晚期和一九五〇年代初期，當時冷戰剛剛揭幕，麥卡錫主義的病毒散播到整個美國的公共生活，讓它感染到一種跨黨派的被害妄想症。十九世紀的民粹主義可為歷史學家霍夫施塔特（Richard Hofstadter）所稱的「美國政治被害妄想症風格」提供一個個案研究。⑳同一種被害妄想症風格正在今日作用。

當時和現在的相似之處很多。十九世紀晚期的民粹主義大反彈是被曠日持久的經濟蕭條所觸發。從一八七〇年代開始，美國經濟就經歷了一段很長時間的停滯，工資隨著物價一起下降。農業工人受到最大衝擊。他們把怨氣發在城市居民身上，因為城市居民看來忘了他們的盤中食物從何處來。對城市人的憤怒因為一八九三年的金融崩潰而加劇，危機從銀行部門向外擴散。

技術的革命亦如火如荼。鐵路、蒸汽輪船、電報和電燈，長遠來說將會帶來巨大利益，但這些發明短期內著實構成了擾亂。舊工作方式被摧毀的速度不亞於新工作被創造出來的速度。新科技的利益分配得非常不平均。有些投資者發了大財，但大部分人都看著自己的收入繼續下降。很多人開始相信，當選的政治人物受到特殊利益集團擺佈。移民（特別是猶太人）遭受廣泛猜疑。

在美國，一個民粹主義者被兩大黨的其中一黨提名為總統。布萊恩（William Jennings Bryan）沒有為民主黨贏得一八九六年的大選，但他的選戰策略帶有未來民粹主義者攻擊白宮的所有正字標記。他的風格是高能量，他的方法是非傳統，而他把自己政黨的政治建制視為敵人。只要可能，布萊恩都會迴避主流媒體，改為依賴面對面溝通、地方報紙和宣傳小冊子（它們對事實往往掉以輕心）。他不相信經濟專家，指控他們是一個誘騙美國老百姓的金融陰謀的一部分。他把老百姓的困境歸咎於外國人，特別是歸咎於羅斯柴爾德（Rothschild）之類的倫敦銀行家。他承諾，如果他勝選，會把美國農人的利益放在第一優先。

對民主機構的不信任不只出現在美國。一八九〇年代的法國也是一個陰謀論大盛的時期。開始於一八九四年的德雷福斯事件（起因是一個法國軍官被指控叛國）把它的觸鬚擴大到整個法國，最終分裂了這個國家。支持和指控德雷福斯的雙方都在對方身上看到一個摧毀共和國的大陰謀，牽涉其中的有猶太人和天主教徒、德國和英國間諜、共產主義者和銀行家。民選政府由這些陰謀論造就和摧毀。法國民主看似岌岌可危，內戰大有一觸即發之勢。

但十九世紀的民粹主義浪潮最終破碎。民主制度在法國和美國都存活了下來。布萊恩選了三回總統都沒有當選。下一個入主白宮的民主黨人將會是威爾遜：一位知名政治科學家、普林斯頓大學前校長和專家階級無庸置疑的代表。德雷福斯在經歷了多年有爭議的調查和多次的假曙光之後，於一九〇六年被宣判無罪。到了那時候，人們對於真正的陰謀藏在哪裡仍然沒有一致看法。但那已經成了次要議題。大家最終一致同意：事情已經鬧夠了，法國政治必須繼續向前走。必須把軍隊放回應有的位置。不能讓政變有發生的可能。

這個時期能夠對如何打破民粹主義的魔咒有所啟發嗎？二十世紀初期的民主最終從民粹主義的挑戰獲得了巨大活力。當選的政治人物被迫正視大眾的憤怒，想辦法把它同化回主流去。所以，陰謀論的時代是由一個改革的時代後繼。㉑

在美國，狄奧多·羅斯福（Theodore Roosevelt）展開他的解散托辣斯運動，利用聯邦政府的權力打破石油、鋼鐵和銀行方面的壟斷事業。他相信在面對民粹主義的怒火時，進步改革是唯一可以保護民主周全的方法。在法國，社會主義者首次加入政府，制定了一些創造現代福利國家的初步政策。在同樣受到民粹主義威脅的英國，工黨興起成為一股政治勢力。自由黨開始了自己的政治改革綱領，其中包括與上議院的尖銳對抗。在這些民主已經生根的國家，民主都因為民粹主義危機而得到大大強化。

但今昔有一個關鍵不同。二十世紀早期的民主還年輕。它雖然已經生根，但幾乎還沒有成長。它只存在於少數幾個地方，也還不完整。在英國、法國和美國，很大一部分人口（包括幾乎所有女性）都沒有投票權。在這些國家，政府甚至沒有對很多公民提供基本服務。保險、健康照顧和教育全是由地方、私人和慈善的提供者雜亂和拼湊地提供。稅賦以今日的標準衡量微不足道：在一九〇〇年，世界主要民主國家的所得稅最高稅率都低於一〇%。公共債務也被保持在最低程度。收支平衡是政府的信條。政治在大多數公民的生活中沒扮演什麼積極角色。在他們與政府權力交會的地方，主要是一種對他們日常經驗而言仍陌生的東西。

這給了新一代的民主政治家機遇。他們無法證明對陰謀和反陰謀的沒完沒了指控有其根據。沒有人能證明這一點。陰謀論是一片到最後每個人都會遇溺的沼澤。但主流政治家仍然可以設法證明民主是真實。他們可以利用它未被利用的潛力。但今日是不是還可能做到這點並不清楚。

二十世紀初期的民主改革家有系統中的巨大彈性可資利用。他們有擴大投票權的空間，有擴大債務的空間，有擴大政府權力的空間，有擴大稅基的空間，有擴大政黨系統的空間，有擴大勞工運動的空間，有擴大大眾對政府的信賴感的空間。還有擴大民主的空間。這些工作無一是容易，因為政治從來不容易。它需要有大智慧和大勇氣的政治家，例如美國的羅斯福和威爾遜、英國的勞合·喬治（Lloyd George）、法國的饒勒斯（Jean Jaurès）和克里蒙梭（Georges Clemenceau）。民粹主義憤怒沒有消失，其中一些變形為不信任政府和更惡意的運動，將會在一代人之後近乎摧毀民主。在這個歷史階段，民粹主義有可能轉變成為法西斯主義和社會民主主義。落在錯誤的人手中，陰謀論是有可能釋放出可怕的報復。但在美國、英國和法國，這樣的事並未發生。

今日，系統裡沒有相同的彈性。民主不再年輕。它缺乏一世紀之前對於未實現巨大潛能的興沖沖意識。擴大投票權的仗已經大半打過和戰勝。國家擔負了許多它被認為應該提供的公共服務。公私負債程度都很高。稅賦可以更高（過去一百年來有稅率更高的時候），但民眾對支付更多的稅興趣缺缺。現在，民粹主義都是發生在那些民主已經有好一陣子最好表現的地方。人民對民主機構的反應遲鈍感到憤怒，但這些機構會反應遲鈍不是因為它們低度發展，而是因為它們已經疲勞。

這讓要打破疑神疑鬼的循環要困難得多。民主目前的運作並不良好——如果良好，就不會有民粹主義的反彈。但是，讓它運作更佳的嘗試都是聚焦在那些我們感覺自己所失去的東西，而不是在那些我們甚至從未嘗試的東西。政治論證圍繞著恢復和拯救的觀念打轉：拯救福利國家、拯救憲法、拯救經濟、拯救我們的安全、拯救我們的自由。每一邊都想要重新獲得某種被拿走的東西。這助長了陰謀論者心態。人人都想要指控另一方需要為失去的東西負責：是他們偷走它！是民主黨人偷走了憲法規定的自由！是共和黨人偷走了少數族群的權利！是歐洲偷走了英國的主權！是支持脫歐者偷走了工人的權利！所有這些指控都被裝扮成是為了拯救民主。嘗試某種新東西可以是一種分享的民主經驗。拯救失去的東西會引起偏袒：輸家會找其他人來怪罪。

當然，仍然有些新東西可能值得嘗試。在後面幾章，我將會探索它們也許是什麼，以及民主也許要怎樣才會變得運作較佳。不過就目前，民主看來是在它最根深柢固的地方筋疲力竭。有藥方可以解救嗎？美國的民主史顯示，在過去一些時候，當民主看似墨守成規時，擴大基本民主權利的運動有助於為它注入新生命。這種事在一八六〇年代靠著解放奴隸發生過，在二十世紀初期靠著給予婦女投票權和立法保護勞工而發生過，在一九五〇年代和一九六〇年代靠著民權運動發生過。

奮鬥還沒有結束。近期有過一些勝利，也有一些戰鬥還在持續。同志權利和同志婚姻就是一個這樣的勝利。跨性別承認就是一場還在持續的戰鬥。但無可避免的是，在民主成熟之後，可供進行爭取投票權和民主權利的空間就會萎縮。戰場會變得破碎化。那些仍然沒有得到投票權的人都是處於邊緣，而這表示，為他們請命的理由會被一種說大多數人因為少數人的緣故被出賣的論述勝過。這是正在發生的事情，身分政治（identity politics）是民粹主義挫折感之火的燃料。在二〇一六年，有些共和黨人從跨性別廁所故事得利的程度，不亞於川普從抨擊希拉蕊和華爾街過從甚密所得到者。共同理想要比從前更難找到。

今昔的另一個重大差別是暴力的衰落。就今日的標準來衡量，十九和二十世紀之交是一個非常暴力的時代。在一八九〇年代，美國發生超過兩千件私刑處死事件。示威一貫會被聯邦或州政府的部隊開槍驅散。一八九四年的普爾曼鐵路（Pullman Railroad）大罷工受到美國法警鎮壓，過程中有三十個罷工者被殺。種族暴動稀鬆尋常。一八九八年，在北卡羅萊納州的威明頓（Wilmington），白人至上主義者謀殺六十個黑人公民，又把許多黑人趕出城市。這是一次種族清洗。國內恐怖活動盛行。在一八九六年和一九〇〇年總統選舉中擊敗布萊恩的麥金萊（William McKinley），於一九〇一年被一個無政府主義者刺殺。這事件點燃了一場巨大的獵巫行動。所以，對上一場民粹主義大起事是以準路徑化的政治謀殺為背景。

當代政治絕對沒有這樣的暴力。它有時候可以看似更加暴力，但那只是資訊現在的分享和傳播方式使然。在這個社交媒體的時代，暴力行為（特別是恐怖主義行為）可以在網上即時看見：我們是在事件發生的當時看見它們。我們比從前更直接經驗到發生在別人身上的暴力。結果就是，二手暴力經驗受到廣泛分享。但作為暴力受害人的第一手經驗卻比從前任何時候罕見。現在，經驗第一手暴力的機會低於過去一百年來的任何時候。對某些美國人群體來說，特別是對年輕的美國黑人來說，成為暴力受害人（包括在國家體制下造成）的可能性仍然非常高。但他們的經驗不是當代民粹主義的驅動引擎。川普在就職演說中提到的美國生活的「大屠殺」，是利用了兩個事實：他的支持者看見更多暴力但經歷更少暴力。這助長了被害妄想症。我們只從第二手知道的事情通常都會讓我們害怕最甚。

二十一世紀初期和二十世紀初期仍然有一個共通之處，那就是它們都有著民粹主義賴以興起的第四個先決條件：沒有戰爭。在一個民粹主義時代，不管有多麼多或多麼少的政治暴力，它們都會是局部化、零碎化、零星化和機會主義化。它不是一種集體的國民經驗。民粹主義會受到戰爭闕如的餵養，是因為它會堅稱民主不是一種真正的集體經驗。當國家處於戰爭時，這種說法要難成立得多，因為在戰時，不管是好是壞，人民和菁英都是同在其中。

某些種類的戰爭只會提供集體國民經驗的代用版本。在一八九〇年代晚期，美國和西班牙在各個帝國前哨站（包括古巴和菲律賓）發生了一場戰爭。民族主義感情被沙文主義報章激起。這種感情並沒有在衝突結束後維持多久，因為它提供的團結感是膚淺的，是靠黃色新聞（yellow press）製造的假新聞餵養。英國在二十世紀初期開打的波爾戰爭產生了短暫的集體民族主義狂熱，但到頭來，這場衝突為英國帶來的分裂要多於團結。同樣情形也見於二〇〇三年的伊朗戰爭以及還在進行中的阿富汗戰爭。帝國主義的冒險不會讓國民團結太久。不過，它們倒是會為更多陰謀論提供空間，因為它們會助長人民受到了欺騙的觀念。

國家存亡之戰卻是另一回事。到頭來，民主在二十世紀頭幾十年是如何馴服民粹主義的故事包含兩個部分，兩者都是必要條件而非充分條件。一是民主改革，另一是世界大戰。因為這一點，一百年前和今日之間的類比變得不太能成立。

不管威爾遜、克里蒙梭和勞合．喬治之類的政治家在一九一四年之前達成什麼成就，那些成就都不是他們在世界大戰時期所做的事能夠相比。打一場需要全民參與的戰爭要求對民主有更大的落實，以印證這種努力的合理性。第一次世界大戰最後把投票權帶給了英國和美國的婦女。第二次世界大戰把女性投票權帶給了法國和包括印度在內其他新興民主國家。英國的現代福利國家是一種戰爭經驗的產物。健康公民和充分就業都是有賴動員國家勞動力的衝突所必需。

在美國，經濟大蕭條觸發了以「新政」為名的政治和經濟改革，但是讓「新政」能夠實行到底和讓聯邦政府有權為國民提供福利的，卻是美國和法西斯主義的戰爭。這些福利包括透過《美國軍人權利法案》（它提供資金給解甲的士兵上大學）大大擴大受教育的機會。相似的，在二戰後歐洲推行的重大社會民主方案，也是因為大戰所造成的摧毀和絕望而成為可能。就像一句政治學老口號所說的：「國家造成戰爭，而戰爭造就國家。」這句口號有時會被另一句政治學的口號搶鏡頭：「民主國家不會互相交戰。」即使這話不假，仍然有夠多的黷武非民主國家可供民主國家交戰。

民主和非民主國家的軍事衝突仍然是當代政治的一個特徵。但在二十一世紀，因為領導性國家的摧毀力量已經太大，發生世界大戰的可能性變得難以想像。全面性戰爭有可能會是一場全面性災難。在缺乏國家存亡之戰的情況下，我們只剩下代用品，而它們只會增加而不是減少大眾對民主的疑神疑鬼。戰爭已經變成了「觀眾民主」的一個特徵：它是一場秀的一部分，也變成了陰謀論的一個地帶。

在二十一世紀，大部分公民都不需要直接背負這些戰爭的負擔。戰爭是在一個距離之外開打，用無人機和特種部隊作戰，費用由公債和稅收支付。戰爭不是集體經驗——頂多當新聞吸引我們注意力時算是一種斷斷續續的集體經驗。軍事衝突不會團結一個國家。它會把那些當兵是常態的地方和那些對當兵聞所未聞的地方分裂開來。它們會互不信任。不平均分布的戰爭經驗已經成了民主生活的斷層線之一。

我不是說我們需要全面戰爭來復興民主。那是失心瘋的想法。我也不是說和平的麻煩在於它會產生陰謀論。那將會是荒謬的。與陰謀論生活在一起是為了享受和平所值得付出的代價。畢竟陰謀論不是真正的威脅，它們不過是民主出了毛病的病徵。真正的困難在於，在缺乏對暴力的集體經驗的情況下，很難知道怎樣對付民粹主義的訴求。

我說過，民粹主義的第三個先決條件是不平等的擴大。這在現代民主社會是個持續存在的問題。它當然是一個今日的問題：西方民主社會在收入和財富兩方面已經達到了一個自從十九世紀晚期（對上一個鍍金時代）之後未見的不平等程度。皮凱提（Thomas Piketty）在《二十一世紀資本論》（*Capital in the Twenty-First Century*, 2014）一書中指出，在資本主義的漫長歷史中，不平等都是一個不變的趨勢，而它的歷史和民主的歷史重疊。㉒這種趨勢在二十世紀曾發生逆轉，但那只是對戰爭的集體經驗的一個結果。發生在一九一四到一九四五年之間的暴力和摧毀讓人魂飛魄散。但是它也創造出條件，讓不平等可以受到控制。

皮凱提指出，第一次世界大戰之前進行的民主改革對於不平等的擴大確實起了若干抑制作用。但我們不知道這個過程最終能起多大作用，因為實驗在還沒有完成前便被大戰打斷。類似的，我們並不知道，如果不是戰爭爆發，「新政」是否足以挽救美國的民主。戰爭的來臨讓這個問題變成多餘。對於若沒有大規模暴力的話要怎樣對付不平等，我們並沒有一個歷史答案。沒有證據可以證明，光靠民主本身可以做到這一點。

古代史家沙伊德爾（Walter Scheidel）更進一步。他在二〇一七年出版的著作《大劇平器》（*The Great Leveler*）中主張，人類歷史上沒有一個社會在沒有大規模暴力的干預下能夠矯正不平等的擴大。㉓大規模暴力不必然是採取戰爭的形式：暴力革命、自然災難、流行病和瘟疫全都能夠勝任。它們不用像國家存亡之戰那樣，透過孕育社會團結的形式起作用。需要的只是暴力的集體經驗的分布面夠廣，讓人人差不多一樣淒慘。一場可以同樣有效地奪去富人和窮人的生命和財產的災難，將會締造一個較平等的社會。這個社會當然也會是人間地獄。

這一點對民主的前景意味著什麼？最成功的民主國家，可以成功限制暴力、對抗災難和讓公民過著和平生活。當第二次世界大戰戰後創造的政治秩序在一九七〇年代晚期瓦解後，不平等開始攀升。接下來的階段見證了暴力的繼續衰落和不平等的繼續攀升。兩者並肩而行。兩個過程都在冷戰之後加速。然後，二〇〇八年的金融海嘯為反對不平等的民粹主義反彈創造出條件。它讓人們可以看出，我們的社會有多麼不平等：這種不平等特別表現在有錢人不用為引發金融危機而受到懲罰。但這不等於卻為對治不平等創造了條件，因為要對治不平等，需要的不只是民粹主義起義。就像一九一四年那樣，出現了一些局部改革。歐巴馬政府對於不平等採取了一些限制，但我們不知道它們的作用有多大，因為它們在川普入主白宮後被取消了。

我們現在的政治系統可以壓制暴力，卻無法對付那些過去靠暴力爆發可以解決的問題。小進步是可能的。大進步卻難以達到，而且總是傾向於因小進步激起的反彈而脫軌。我們也許已經被卡住了。

暴力和不平等的問題是民主和政變問題一個大規模的版本。對一個民主政體的暴力推翻，創造出讓民主可以被捍衛的條件：它釐清了處境。沒有這種前景，民主就會光是持續，而人民越來越感受到的挫折感則會演變為互不信任的形式。我們的民主不是歷史上第一個被困在陰謀論和假新聞裡面的民主。但我們的民主卻是歷史上第一個沒有明顯出路的。改革是有可能的，但那也許並不足夠。暴力是不可能的，但那也許是唯一起作用的。民主現在變得非常擅於解決一個問題（暴力），而該問題在過去是解決另一個問題（不平等）的先決條件。我們不知道接下來會發生什麼事。一個可能性是一切照舊。民主不會崩潰成為暴力。它只是繼續漂移進入有毛病的報廢狀態。

今日世界上的許多民主政體仍然有成長和成熟的空間。印度的民主相對年輕，讓人有可能想像，大幅度的改革將會讓數以千萬計的公民充分感受到民主的好處。在包括非洲在內的世界某些部分，民主幾乎還沒有開展。在那裡，政治改革仍然有可能接續實現未實現的巨大潛力。二十一世紀也許會目睹一系列成功的實現，它們顯示出民主能夠對付不信任和分裂的問題而用不著倒退回到暴力。

然而，民主能夠成長，乃是以有可能發生政變、軍事接管和崩潰作為代價。民主完蛋的真正可能性是民主成功的先決條件之一。這對二十世紀的西方民主來說為真。但對今日很多穩健的民主國家來說，此說不再為真。所以，二十一世紀也可能會目睹一系列的實驗，試驗在對於民主是否仍然起作用的問題沒有共識的情況下，民主能維

第二章

災難

Catastrophe!

到處都是死亡的陰影。農夫談到他們家人的很多疾病。在城市，醫生對於出現在病人之間的新疾病越來越感到困惑。好多人都突然和無法解釋地死亡。不只大人是這樣，小孩也會這樣——他們會在玩耍時發病，幾小時內死亡。再來還有一種奇怪的寂靜。例如，鳥兒都不見了。牠們都往哪裡去了？……路旁淨是些枯黃的植物，而且也是寂靜一片，因為所有生物同樣離它們而去。就連溪流都沒有生命。釣魚人不再造訪它們，因為所有的魚兒都死了。在水溝裡和屋簷底下，或者在屋頂的瓦片之間，看得見一小片一小片的白色晶狀粉末。粉末是幾星期前降下來的，就像雪一樣落在屋頂和草坪，落在田畝和溪流。沒有巫術或敵人的行動在扼殺這個遭殃世界的生命。是人們自作自受。①

這是瑞秋．卡森（Rachel Carson）的文章〈寂靜的春天〉（Silent Spring）的開篇語，此文最早刊登在一九六二年六月號的《紐約客》。文中，她描述一個虛構社群遭受一連串的真實事件打擊。她列舉的每個災難都是真正發生過，只是不在同一時間同一地點。表面上，瑞秋．卡森對一個慢慢殺死自己的社會的勾勒，和民主的命運看似無多大關係。她談的是自然災難，不是政治災難。然而，她所描繪的也可以被看成一幅民主如何死亡的畫面。她想像的社群存在於美國，而美國是一個民主社會。如果生命結束，民主也會結束。而且，正在如瑞秋·卡森所說的，降臨在該社群的災難不是憑空而降，而是「人們自作自受」。

〈寂靜的春天〉是第二次世界大戰之後幾十年間刊登在《紐約客》的三篇深深影響我們對世界末日看法的長文的第二篇。第一篇是韓約翰（John Hersey）的〈廣島〉，刊登在一九四六年八月。它從受害者的觀點描述了核子戰爭經驗。

> 從土墩上，山谷本先生看見一個讓人驚愕的全景。不只是己斐（Koi）一小片地方，而是就他所能看見的大部分廣島，都籠罩在一片濃稠、可怕的瘴氣中。煙霧在漫天塵埃中開始到處升起。他納悶一個寂靜的天空是怎麼可能造成這麼廣泛的破壞……附近的房屋都在燃燒，彈珠大小的水滴開始落下，而他依稀想到，這些水滴一定是來自消防員的水管（它們事實上是濃縮的溼氣，來自向天空拔起幾英里的那根由灰塵、熱氣和瓦礫構成的煙雲柱）。②

韓約翰的敘述是根據目擊證人的證詞寫成。它有助於說服讀者，核子武器不只是一個威嚇敵人就範的方法。它們還是通向地獄的大門。

第三篇世界末日文章是鄂蘭（Hannah Arendt）的〈艾克曼在耶路撒冷〉（Eichmann in Jerusalem），《紐約客》從一九六三年二月中開始分四期轉載。③鄂蘭想要幫助讀者弄明白，一個戴玳瑁眼鏡而相貌平平的男人為什麼應該為一整個民族的滅亡負責。她想要親自瞭解。她為這個主題創造了一句名句：「邪惡的例行公事化」（the banality of evil）。艾克曼不是什麼猙獰怪物。他只是個沒有想像力的人，缺乏獨立思考的能力。這讓他在條件出現時會做出一些殘忍有如惡魔的行為。鄂蘭並沒有暗示我們每個人身上都有一個艾克曼——我們並不全是隱性的納粹黨徒。但每個社會都有艾克曼這樣的人。在平時，他們做著的也許只是和他們缺乏想像力狀態相適的日常管理工作。讓他們變得危險的是當有某種真正恐怖的想法出現時，他們會無法抗拒。摧毀的代理人和尋常人沒有什麼明顯不同。他們就在我們中間。

以上所說的都是現代文明足以摧毀自己的方法。它可以用大規模殺傷武器把自己炸得四分五裂。它可以給環境下毒，殺死自己。又或者它可以讓自己被邪惡感染，在無面目官僚的協助下，把不用大腦的管理結構散播到整個系統。

在所有這些情況中，民主都不是元兇。韓約翰沒有認為是美國人民投票贊成釋放出發生在廣島的恐怖。沒有人給他們這種選擇機會。投放原子彈是杜魯門私下作出的決定，他在事後才告知美國大眾這件事。韓約翰想要讓美國人民明白，有人奉著他們的名義做了些什麼。問題不在於一個民主社會是否會擁抱核子世界末日：沒有頭腦正常的人會投票贊成這種事。真正的問題在於，一個民主社會是否有能力阻止這種事發生。

瑞秋・卡森不相信有任何人會投票贊成破壞環境。殺蟲劑的過度使用和投票箱無關。人們是粗心大意而這樣做。他們看不出四周正在發生什麼變化。鄂蘭並沒有主張屠殺猶太人是德國公民的一種主動選擇。德國人是生活在一種蓄意扭曲他們心靈的獨裁統治下。不過，艾克曼的可怕例子顯示出這種扭曲和現代官僚體系結合之後會有什麼後果。民主制度一樣有官僚體系。

韓約翰、瑞秋・卡森和鄂蘭各以自己的方式利用災難作為一種提升意識的方法。他們想要描述真正可怕的事件，讓讀者省思最糟的可能狀況。沒有人想要世界真的走到世界末日。問題在於，我們是不是能夠在為時已晚之前意識到我們正在給世界製造末日。在二十世紀中葉，一些人希望災難的觀念能對民主政治起到激發行動的效果。它被認為可以喚醒人們注意到自己正在製造什麼危險。民主的命運也許維繫於這一點是否仍然為真。

這一類災難非常不同於政變。當一場政變發生，它對民主來說是一個災難，但人們的生活會繼續過下去。社會會繼續存在。但艾克曼協助加諸世界的事情卻是不同。

那是一個存在性災難（existential calamity）。它接近於摧毀一切有價值的東西。在鄂蘭看來，現代政治（艾克曼仍是其可怕的代表人物）提出的終極問題是：要怎樣才能讓「這個星球繼續是一個適合人類居住的地方」？④這種考慮超出確保某種特定種類政體的生存。它是關於保全人類存在（human existence）的目的。

以這種方式思考的一個問題在於，它讓我們難以保持一個正確的焦點。大災難的可能性可以輕易把民主的命運邊緣化。它也許是可犧牲的。畢竟，民主的死亡不代表其他一切的死亡。希臘社會在希臘民主死亡之後繼續存在。另一方面我們卻有可能為拯救民主而導致世界被摧毀。川普也許會為他的將領製造的存在性兩難式（existential dilemma）是這種情形的一個版本。根據規定，美國總統是唯一可以決定使用美國核武的人。沒有人有權阻止他點燃一場全球性災難。核子武器的存在給了他這種權力，而一九四六年的〈原子能法〉將這一點寫入法條。為了拯救共和國，它的三軍總司令被授權去殺死共和國。

另一方面，如果災難化（catastrophising）讓民主變得不相干，那它將無法起到提高意識的作用。人們有需要相信他們所做的事重要。否則他們就會有一種無力感。任何想要把人們驚嚇得起而行動的人，挑戰都在於不把他們驚嚇得無所作為。如果民主只是附屬活動，那麼公民必然會感覺自己只是旁觀者。他們也許會再一次睡著。

鄂蘭力主二十世紀的民主內建著一種無所用心（mindlessness）。現代民主需要以機械化運作的龐大管理機器作為前提。在這個系統中，專業知識要比人類價值優先。古代的民主卻不同。它是真實的人民力量。現代民主的巨大危險在於它會抽離於有意義的人類輸入（human imput），有了自己的人工化生命。人類仍然作出關鍵決定，但這樣做時沒有帶著創造性洞察。他們只是做做樣子，或是憑著衝動行事。鄂蘭從研究艾克曼得來的教訓是，做做樣子會通向我們最具破壞性的衝動。我們會停止思考。

環境災難、核子戰爭和大屠殺的共通點是無所用心。無所用心可以表現為不同的形式。一種是心有旁騖：我們因為忙著享樂所以沒注意到我們正在摧毀我們的棲息地。無所用心也可以是一種過度專注：核子阻嚇被變換為一種以牙還牙的科技遊戲，讓我們對涉及其中的風險失去警覺。又或是表現為不假思索的服從：我們因為看見別人做什麼事而跟著做。在這三種情況中，我們都需要一些什麼來打破魔咒。

民主就是那「什麼」嗎？還是說民主已經成為了魔咒？

環境災難在今日的威脅要大於一九六二年。但是它卻奇怪地失去了激化行動的力量：死亡的陰影已經擴散，卻又同時在消退。

瑞秋．卡森強調的主要危險是濫用ＤＤＴ之類的殺蟲劑，而她力主，這種濫用是出於人們不瞭解它帶來的危險要遠遠大於利益。她被生產這些化學藥物的廠商取笑，被他們描繪為進步的不用大腦的敵人。一九六二年十月，業界巨頭孟山都出版了一篇諧仿〈寂靜的春天〉的文章，題為〈淒涼年頭〉：

然後，靜悄悄地，淒涼年頭開始了。看來沒有多少人意識到其中的危險。畢竟，在冬天，難得出現一隻家蠅。幾隻蟲子能起什麼作用？美好生活怎麼可能依賴殺蟲劑這種看似可有可無的東西？畢竟，蟲子又是在哪裡？蟲子無所不在。牠們看不見也聽不著，卻難以置信的普遍。牠們在美國整片大地的每平方呎、每平方碼和每平方畝裡。牠們在每個家庭、每個穀倉、每幢公寓和每個雞舍裡，在它們的木材、地基和家具裡。在地底下和在水底下；在四肢裡、樹枝裡和樹幹裡；在樹木裡面、動物裡面和其他昆蟲裡面——對，也在人體裡面。⑤

隨著蟲子吃掉所有食物和蹂躪土地，出現了一系列的災難。孟山都公司指出，雖然文章中的情節是虛構，但裡面提到的災難全都曾經發生在美國的某處——時間是在殺蟲劑發明之前。

瑞秋．卡森贏了辯論。她的主張引起甘迺迪總統注意，他在一九六三年把殺蟲劑的問題交給總統科學顧問委員會進行研究。委員會的報告認為瑞秋．卡森的警告基本上有道理。殺蟲劑已經對人類健康構成嚴重威脅，導致環境的長期破壞。管制被建立起來，政府定期檢討殺蟲劑的好處和壞處。十年後，DDT被禁用。

瑞秋．卡森提升意識的努力也獲得成功。她的書《寂靜的春天》是促進環保運動出現的關鍵因素，而環保運動繼續對政府施壓，要求採取更多行動。這種壓力政治（pressure politics）的成功端賴資訊自由、結社自由和對法治的信心。它主要是一個民主現象。在那些條件具備的情況下，環境污染者會被究責。

在接下來幾十年，民主國家對環境污染的防止要遠勝敵對的政府系統。污染在獨裁政權通常要嚴重得多。一個證明是，在共產主義時期，東歐很多地區都下酸雨。民主政體在處理環境危險時有兩大優勢。一是它的壓力團體具有有效力量，可以提出一些人們不願面對的事實。其次是它的市場經濟讓它可以實驗一些替代性解決辦法。殺蟲劑沒有在《寂靜的春天》出版之後被完全禁用，只有一些被禁。大部分都變得更加有效和更加安全。創新者和遊說者傾向於不信任彼此，就像孟山都和瑞秋．卡森在一九六二年的樣子。在一個健康的民主制度裡，這種不信任有其生產性：雙方可以刺激彼此的行動。

今日，這方面的民主優點已經變得薄弱。在很多中國城市，空氣污染的問題都非常嚴重。不過，在民主的印度，空氣污染問題即便不是猶有過之，也是一樣的糟。總之，不分政治體制，追求工業成長都讓一個國家不惜大規模燒煤，污染空氣。與此同時，美國的聯邦政府又廢止了很多源自瑞秋．卡森的環境保護措施（引起有些州政府竭力反抗）。在維護一個適合人類居住的空間一事上，民主開始看來越來越飄忽不定。

瑞秋．卡森提出的災難警告曾成功吸引美國政府和廣大民眾的注意，但它們現已不再能引起太大回響。理由有三。第一是成功致之：一旦我們早前的害怕被處理過，我們便不再那麼害怕。現在更大的危險是沾沾自喜。看見一個威脅被解決後，我們往往以為任何新的危險都是被誇大，忘記了當初拯救我們的正是戒慎恐懼心理。其次是，如今的環境管制政治（politics of environmental regulation）要比半個世紀前分歧得多。經濟學家克魯曼（Paul Krugman）主張，這種情形部分是不平等的擴大使然。⑥對環境威脅的一致行動需要對公共利益的內容有著一些共識。在一個較不平等的社會，那樣的共識會較難達到，因為代價和利益都是較不平等地分布。一九七〇年尼克森總統第一任任期期間，參議院以七十三票對零票通過《清潔空氣法》。在當前的政治氣候中，想要國會對任何議題（特別是環境議題）有一致意見，幾乎是無法想像。第三個理由是，瑞秋．卡森預見的最糟遠景已經被另一類的威脅取代。現在憂慮環境災難的空間已經被氣候變遷的觀念完全佔據。它是一個比殺蟲劑更大的危險。但它不是以殺蟲劑一樣的方式威脅著我們。

不乏作家想要讓我們因為受到驚嚇而採取行動。當代小說對世界快速暖化的後果的描述比瑞秋．卡森筆下的反烏托邦還要讓人心驚：焦乾的大地、到處搶掠的倖存者、崩潰的社會制度和爆炸性暴增的暴力。但這些事是發生在想像中的未來。反觀瑞秋．卡森描述的則是正在發生的事。氣候變遷的災難在很多人的經驗中仍然只是耳語。美國南部的海岸地區也許正在開始變遷。另外，在世界一些最貧窮的國家，氣候變遷的影響會更即時被經驗到。但同樣情形卻不是每個地方適用。瑞秋．卡森的巧妙之處在於讓人感覺她描述的威脅是一種普遍威脅，可以發生在任何地方。與此相反，氣候變遷讓我們分裂多於統一。

當代報章設法模仿瑞秋．卡森，去呈現氣候變遷業已引起的傷害，特別是發展中地區的情況——那裡的資源要較為稀少，居民要較為脆弱。但對富裕地區的居民來說，這些描述缺乏瑞秋．卡森那樣的即時性和具體性。它們也缺乏新意。因為暴露在太多世界末日的預言中，我們對它們已多少麻木。我們有一種鮮明的世界末日疲勞感。

結果就是，害怕氣候變遷沒有帶來害怕殺蟲劑所帶來的效果。全球暖化的威脅要更加分散和不確定。它沒有必須的痛咬。它不只沒有打破疑神疑鬼和陰謀論的魔咒，反而讓它們得到強化。很多最倔強的當代陰謀論都是關於氣候變遷。它經常被說成一場騙局。這種思路大體是這樣：想要建立世界政府的祕密菁英需要一個要求集體行動的全球規模問題去合理化他們的野心。氣候變遷就是這樣一個問題。所以祕密菁英必須把它虛構出來和買通科學家。每當政治學的首要問題變成是「誰是受惠者？」時，你就會得到這樣的答案。

當你問誰會從詆毀氣候變遷的科學受惠時，你會得到一個一樣清晰的答案：石化燃料產業。就這樣，一邊的陰謀論和另一邊的陰謀論旗鼓相當。再來還有一些真正的陰謀：很多質疑氣候變遷的研究都是由埃克森美孚公司資助。但疑神疑鬼會助長疑神疑鬼，所以環保主義者也會用陰謀論的解釋來解釋為什麼他們的訴求沒有更多進展。信任的破裂變成了自我加強而不是自我矯正。在氣候變遷一事上，是誰在欺騙誰的憤怒爭論正在毒化民主。

它們也助長了「行政權擴大」。這是歐巴馬在發現他無法透過國會制定環保立法之後採取的途徑。作為一個政治解決辦法，依賴行政命令去對治這個問題有兩大瑕疵。首先，一個總統的決定是可以被另一個總統推翻。歐巴馬在政治方面的遺產被證明比他在健保方面的遺產更容易被川普解除，因為川普只要簽一些自己的行政命令，就可以把前任的行政命令廢除。其次，企圖避開黨同伐異的立法機構會讓黨同伐異的情況變得更嚴重。如果沒有人設法達成一項協議，那就沒有人因為來亂而有所損失。民主政治總是會被繞過它的企圖傷害。

現在不可能再主張，真正必要的是讓更多人的意識得到提高。在氣候變遷的問題上，大眾對它的威脅並不是蒙昧無知。我們被迫接受氣候變遷的宣傳已經很多年。我們業已知道我們正在做什麼。問題只是我們很多人並不想知道。

相反的，大部分的意識提高都是來自另一邊。氣候政治（climate politics）舞台最熱情的鼓吹者都是否定派，他們把氣候變遷視為一個自由派的陰謀。有大量狂熱的民主能量被用來挑戰氣候變遷的事實。正如鄂蘭暗示的，現代政治讓人有可能同時處於躁狂狀態和恍惚狀態。論到氣候變遷的時候，民主越來越像魔咒而不像是解藥。川普入主白宮和揚言要讓美國退出巴黎氣候公約，重新激起了一些反對懷疑者的政治能量。但是它對驅散不信任的瘴氣毫無幫助。

假如環境災難小說的預言變成事實，民主政治可望振作起來。這是民主的一個強項：混亂和暴力會帶出它的最佳表現。環境政治在一九六〇年代要更易駕馭，因為當時的主要民主國家仍然活在一場幾乎摧毀一切的世界大戰的遺產裡。與當時不同，現在的問題變成是：當我們毒化河流和殺死天空所有飛鳥，有關我們所做的事的決定性證據看來來得太遲。當我們最終想要知道，會發現知識其實一直存在。這時候，它們也許已經沒能幫多少忙。

對核子世界末日的恐懼又是如何？在這個問題上，我們現在是站在哪個位置？韓約翰的〈廣島〉仍然很多人讀，特別是小學生。他對一枚原子彈在一個大城市爆炸會有什麼結果的描述從未被超越，因為同樣的經驗從未重複（幾天後發生在長崎那一次不算的話）。這個恐怖故事比瑞秋．卡森的故事較不過期，因為我們還沒有其他事情可與之相提並論。它能夠即時讓我們心有戚戚焉。但在另一個意義下，它又比瑞秋．卡森的故事更遙遠。自從世界開始被迫思考核子戰爭對人類棲息地會有什麼影響以來，已經過了七十多年。現在，核子衝突的風險大大增加，因為核子武器的威力增加了很多，部署範圍也廣了很多。不過，我們對它們的恐懼已經失去了許多會刺激我們採取行動的力量。核子武器仍然可怕，但只是理論上可怕。這可怕是專家告訴我們的，而非根植於經驗。

冷戰期間，爆發全面性核戰的可能性真實有餘，所以能夠引起廣泛的大眾反抗。反核遊說團體的規模和幅員不亞於環保運動。英國的「核子裁軍運動」在其高峰期擁有超過兩百萬成員，是歐洲最大的公民社會組織之一。大眾參與和兩大超級強權的緊張核子對峙同步，一次發生在一九六〇年代初期古巴飛彈危機期間，一次發生在一九八〇年代初期雷根政府設法贏得軍備競賽期間。自此不再有同樣盛況。

今日，「核子裁軍運動」是個小不點，只有幾千成員，幾乎沒有能見度。諷刺的是，它一個最忠實的支持者柯賓在二〇一五年成為工黨的領袖，並準備問鼎英國首相。柯賓對於核子裁軍仍然充滿熱情，但這種熱情在他年輕一代的支持者之間幾乎引不起回響。在二〇一七年英國舉行大選時，柯賓在宣言中承諾讓英國繼續保有三叉戟核子嚇阻力量。廢除核子武器在工黨的優先順序裡遠低於廢除學生的學費。柯賓也許會改變他的黨對於三叉戟飛彈的官方路線，但如果他這樣做，將會是意識形態作祟，不是出於輿論壓力。核子裁軍已經不再是大眾關心的議題。

代之以，它被一群非民選的權力掮客收養，被轉變成為一個國際治理（international governance）議題。諷刺的是，當柯賓想要留住核武時，季辛吉卻想要除掉它們。近年來推動核子裁軍最力的是四個美國的前政策首長：季辛吉、舒茲（George Shultz）、佩里（William Perry）和山姆·努（Sam Nunn）。《時代雜誌》稱呼他們為「核子世界末日的四騎士」。[7]他們頭兩個當過國務卿，佩里當過國防部長，只有山姆·努當過參議員，是四人中唯一有民選資歷的人。他們昔日都是冷戰策略的鼓吹者，把核子武器視為和平的保證。冷戰結束後，他們改為把核子武器看成為對國際安全的最大威脅，想要看見它們被銷毀。他們的主張具有說服力，但卻和民主扯不上邊。核子裁軍已經變成了另一個由房間裡的大人去解決的問題。

在冷戰的高峰期，核子武器是政治被害妄想症的驅動引擎。庫柏力克（Stanley Kubrick）一九六四年的電影傑作《奇愛博士》（*Dr Strangelove or: How I Learned to Stop Worring and Love the Bomb*）傑出地呈現美國政治的被害妄想風格。它挖苦了陰謀論的世界，又助於長它們。核子政府（nuclear state）不可避免的諱莫如深讓最荒誕不經的猜疑有存在空間——在一個「相互毀滅保證」的顛倒世界裡，沒有什麼是太過荒唐以致不可相信。雖然我們今日生活在一個到處都是陰謀論的時代，它們很少是關於核子武器。被害妄想症已經展開雙翅，向前移動。季辛吉過去是美國民主黑暗面的象徵，但如今只是國際會議迴路的過氣人物。當川普曾經就教於季辛吉的事情曝光後，大部分人都並不驚恐，反而是略微安心。世事已經發生改變。

核子災難的威脅是氣候變遷構成的威脅的倒轉版本。作為政治訴求，兩者都被環繞它們的不確定性動搖。在氣候變遷的情況，不確定是有關未來：雖然我們知道會有災難來臨，但不知道將會發生什麼或何時發生，這讓要為政治行動找到一個焦點非常困難。在核子武器的情況，「不確定」卻是有關過去：我們並不真正知道人類如何能夠存活到現在。是因為政治技巧高明嗎？是因為運氣好嗎？當時的大眾大半有所不知的是，冷戰曾經多次逼近核子災難的邊緣：飛機差點墜毀；軍事命令被曲解；司令官喝醉了酒。至今持續和平的歷史會不會只是無意義的偶然模式，任何時刻都有可能會因為某些可怕的意外或意圖變得多餘？當有核子武器向著某些人類發射之後，一切都會改變。在那樣的事發生之前——或者直到核子武器被廢止以前——沒有事情會真正改變。不確定性會持續存在。

諷刺的是，現在使用核子武器的可能性要大於一代人之前。我們不再是生活在一個相互毀滅保證的世界。現在，核子戰爭是有可能發生而不摧毀一切。恐怖份子也許會取得某種原始的核子武器，那樣的話，使用核子武器的任何禁忌不復有意義。相似的，美國軍隊現在擁有的高精度核子武器（落點精確和輻射塵較少）也許會讓一個三軍總司令把使用核武視作傳統戰爭的延伸。但後果仍然是深不可測，所以使用上還是有禁忌。

氣候變遷會勾不起我們的政治想像力，是因為它太過於漸進性。環境世界末日只是一個悄悄來臨的災難。我們是以經驗謠言的方式經驗到它。核子災難會勾不起我們的政治想像力，是因為它太鋪天蓋地。沒有任何可以讓它成真的事情不會威脅著讓其他一切事情變得無意義。它巨大得非我們所能掌握。所以我們就袖手旁觀，期盼好運繼續與我們同在。

最後，邪惡又是如何？我們對邪惡仍然有足夠的恐懼嗎？川普當選總統讓很多人擔心納粹會復活。這是以一九三〇年代作為鏡子的結果。歷史學家斯耐德（Timothy Snyder）在二〇一七年出版的《論暴政：得自二十世紀的二十個教訓》（*On Tyranny: Twenty Lessons from the Twentieth Century*）中警告讀者，不要以為最壞的可能性不會再次發生。威瑪德國帶給我們的教訓是民主無法自己拯救自己。到頭來，它的民主資歷讓它對一個敵意的接管落得毫無防衛能力。所以，有必要由積極的公民來拯救民主。

斯耐德借助鄂蘭論證自己的主張。他引用她的話說，世界被陰謀論腐蝕，讓我們以為「隱藏的真相和黑暗的陰謀可以解釋一切」。這是極權主義的開端：「後真相（post-truth）是法西斯主義的前身。」斯耐德強調隨波逐流盲目從眾的危險。「有些人是出於兇惡的信念殺人。但很多其他人殺人，只是害怕與別人不同。除了從眾心理以外，還有其他力量在作用。但如果沒有從眾者（conformists），窮凶惡極的兇殘就是不可能的。」[8]

訴諸大屠殺的黑暗陰影固然提高了權威性，但此舉也增加了狼來了的風險。把陰謀論稱為極權主義的前驅是忽略了這個事實：很多二十一世紀的陰謀論者都自視為對抗極權主義的最後前鋒。斯耐德提出的其中一條抵抗法則是：「調查。自己去把事情搞清楚。」這正是許多川普的支持者相信自己正在做的事。他們都是非從眾者。他們是會自己思考的人。如果斯耐德主張他們是蠢才（因為他們只會看網上餵給他們的假新聞），他們就會回應說**他**才是從眾者。因為他叫賣的那個觀念（川普是準希特勒）是個可笑的自由派刻板印象。

即便真正的恐怖最終自我揭露，這個爭論仍然不會塵埃落定。二十一世紀的美國民主可以把那個時刻永遠延後。狼將不會抵達。如果川普永遠不會變成希特勒（他也一定不會），那麼每個人都可以自稱正確。

在一個民粹主義的年代，雖然有一些焦慮的民主捍衛者援引「邪惡的例行公事化」之說，但其他人卻忙著責罵此說。在很多民粹主義者看來，不知思考的官僚體系沒有被它無力抵抗的真正可怕觀念入侵的風險。代之以，不知思考的官僚體系本身就是真正可怕的觀念，而正確的民主反應是去對抗它。民粹主義政治的兩邊——民粹主義者和反民粹主義者——都相信自己是為了拯救民主而戰。我們時代的核心分裂不是發生在民主和陰謀論之間，而是發生在打著民主旗號的陰謀論和陰謀論之間。這不是一九三〇年代的歷史重演。它是一八九〇年代的重演，但不帶有解決前景。

召喚希特勒的幽靈讓民主的兩種不同終結方式一起運行。納粹之所以是民主之死，是因為它殺死了一個民主政體（威瑪共和），用一個獨裁政體取而代之。德國社會存活了下來——僅僅存活了下來。納粹也是對一個深淵——一個一切分崩離析的深淵——的一瞥。當納粹一和史達林主義發生碰撞，最糟糕的事情就發生了。在中歐和東歐的「血原」，人命認同失去了所有價值（斯耐德有一本以《血原》為名的書對此有令人毛骨悚然的描述）。[9]

在二十世紀中葉，民主作為一種政治形式的死亡是文明可能死亡的前驅。但情況在二十一世紀卻是倒過來。民主之所以存活，是因為如今很少東西可以把作為一種政治形式的民主殺死。文明的死亡也許必須先行。從眾者和不從眾者都竭盡所能讓民主活下去，又激烈詆毀對方的努力。與此同時，大災難的威脅盤旋在我們頭上，未被觸及。

有辦法可以建設性地思考世界末日的問題嗎？我們不能忽視末日的可能性，因為那將會是高度不負責任。但如果我們花太多時間擔心可能發生的最糟糕狀況，我們花在其他重要問題上的時間也許就不足夠。就像疑病症患者那樣，我們對死亡會變得念茲在茲，讓我們對生命的觀點變得嚴重歪斜。

問題是全面性災難不只比局部性災難要糟糕，還是絕對不同的東西。一切的終結的嚴重性勝過其他一切。哲學家帕菲特（Derek Parfit）以三種可能性架構這個問題：

一、所有人都死了。

二、九九%的人死了。

三、沒有人死去。⑩

第一種可能性比第二種糟糕無限倍，而第二種可能性只比第三種相對糟糕。如果我們討論的是保存有基本人類價值的東西，那一個從〇%到九九%的死亡數字並沒有比從九九%到一〇〇%那麼糟糕。這種說法聽起來是很冷血，也很難和每個人類都是有價值的觀念調和：在第二種可能性中，幾乎每個人都死了！但分別在於，在第一種可能性，當每個人都絕對地死了，就沒有恢復的希望，也不會有人留下來做價值評估的工作。一切都失去了。

對這個問題的一個回應被稱為「防範原則」，它指出我們必須做出特殊努力，去預防那些難以評估但有著潛在災難性的後果。「防範原則」常常被應用在環境威脅。例如我們並不知道，任由氣候漫無止境變遷的話，後果會多嚴重：也許不如想像嚴重，又也許對於人類文明的生存構成真正威脅。即使後者的機率很小（又特別是我們不知道它的機率是多少的時候），仍然值得我們採取特殊預防措施。我們無法確知風險的程度正是我們應該現在採取行動的理由，而不是拖延到確知才採取行動。如果我們採取行動但後來被證明多此一舉，付出的代價會是可以承受。但如果我們不採取行動又發生了最壞的情況，後果就會是不可承受。這是「帕斯卡賭注」（Pascal's wager）——不值得對永罰心存僥倖——的一個版本。

「防範原則」受到很多批評。有人指出，它可能會扭曲我們的判斷，讓我們小覷其他種類的危險。如果某些例外風險（exceptional risks）被分離於一切其他風險之外，那麼非例外風險（non-exceptional risks）就得非常賣力才能被人認真看待。這也是要付出代價。例如，對氣候變遷採取先制行動會抑制發展中國家的經濟成長，導致人命損失（經濟成長和健康醫療的改善息息相關）、社會不安和政治衝突。這些都是可存活的結果——如果它們不是，人類早已滅亡。但我們是不是真的認為，在可能的最壞情況下，將沒有人可以在氣候變遷中存活？只要有人存活，我們就不能說某種災難是其他種類的風險所不能相提並論。只有一切都會失去的情況值得特殊處理。

有一個術語專門指稱這種情況。「存在風險」（existential risk）是指無可挽回的事件。在存在的評分表上，就連所有人類的死亡都不構成終極的災難。我們也許會做出更糟糕的事。我們未嘗不可以摧毀地球和地球上的所有生命。我們甚至可能摧毀整個宇宙（例如某些狂妄自大的物理實驗出了大錯的時候）。那將不只以我們的生命作為代價，還會以我們尚未知道的生命形式作為代價。這聽起來極端誇張。但根據「存在風險」理論，只要科學家有最小可能可以把宇宙變成豆子大小，我們就必須採取行動加以預防。

與宇宙的死亡比較，民主的死亡看來無足輕重。很多捍衛這種思考方式的人相信，民主是我們應該竭盡所能保存的事情之一。因為它讓人生值得活。但這不同於認為民主是可以保存我們的東西。「存在風險」最終會讓民主變成是可犧牲的。我們必須不擇手段。如果這是一種意識的提高，它的對象就是科學家、政策制定者和哲學家。真正重要的不是誰來決定和接下來會發生什麼事，而是有什麼被決定。要麼是有下一個「接下來」，要麼是沒有。

在二十一世紀，這意味著終極災難的畫面包含一些二十世紀的世界末日視觀，但又不僅止於此。核子大屠殺的分量仍然很大：因為世上的幾千件核子武器只要有一小部分同時引爆，地球上剩下的東西都會很少。氣候變遷的威脅將會以全球暖化或全球冷化的形式存在——失控效應和反饋迴路將會決定地球是被火還是被冰銷蝕。生物基因工程是一種新的存在威脅，特別是如果它變形為生物恐怖主義的話，但最尖銳的當代恐懼卻是關於不受約束的新科技力量。這是最新版本的世界末日。我們也許很快就會做出一些超出我們控制的機器。

這些機器也許是微型的——對奈米科技一個由來已久的焦慮是擔心它會創造出一

些自我複製的小機器人，把整個世界銷蝕掉。又也許這些機器會類似我們，但缺少了一些重要的東西。機器學習的進步迅速讓我們有可能創造出一些會模仿人類智慧卻沒有人類判斷力的裝置。為它們設定一項工作之後，這些機器也許會為了完成任務而不惜摧毀一切。我們當然可以把它們關掉。但萬一它們是沒有開關的話怎麼辦？萬一它們意識到為了預防我們關掉它們，它們必須先關掉我們，那要怎麼辦？

當殺人機器人可能成真時，爭論誰會為了什麼投票看來是一種自我縱溺。在存在風險的稀薄大氣中，政治幾乎不會受到討論。解決辦法會聚焦在科技層面：例如製造一些不能被取消的開關。人類的有意義選擇會被化約為少數懂得科技運作的人的決定。只有那些有能力製造這些機器的人有能力制止它們。其他所有人都是旁觀者。

存在風險會吸去民主生命的想法並不完全新鮮。有些政治思想家相信，在原子彈發明之後，民主已經結束。選民太反覆無常了，核子武器太可怕了。必須用一些特殊措施把兩者隔開。基於這種考量，民主和在廣島釋放出來的毀滅力量不能並存。哈佛社會理論家史卡里（Elaine Scarry）在近作《熱核君主制：民主和世界末日之間的選擇》（*Thermonuclear Monarchy: Choosing between Democracy and Doom*）中道出這種選擇的性質。她說：「核子武器能夠摧毀政府和摧毀民主可代表的任何東西。我們曾經有一個選擇：去掉核子武器或去掉國會和公民。我們選擇了去掉國會和公民。」[11]

史卡里想要透過廢除核子政府（nuclear state）讓民主重生。這種事不會發生，沒有理由會。首先，如果民主是被核子武器殺死，那麼民主並沒有位置可除掉它們。這種事只能由核子政府本身做到。人民只能是旁觀者。其次，即便我們能夠除掉核子武器，還有很多其他存在風險足以妨礙民主。隨著人類破壞自己棲息地的能力增加，核子戰爭已經失去了它作為我們摧毀力量的圖騰的特殊地位。如果我們無法信任核子彈，那我們一樣不能信任人工智慧或生物基因工程或大強子對撞機。核子武器開啟了存在風險的時代，但不再為它寫定義。我們也許可以把一個精靈收回瓶子，但無法把他們統統收回去。

民主無法控制存在風險，僅僅只能希望被它饒過。這就是風險管理產業處理民主的方式：極有禮貌地對待它，就像對待一些有歷史價值的珍貴物品。沒有人想要直接放棄民主。看見它消失是可怕的事，可怕得不下於想像羅浮宮在濃煙中化成灰燼。所以它被放在存在風險的旁邊。

牛津大學人類未來研究所的哲學家博斯特倫（Nick Bostrom）認為，面對二十一世紀危及生命的科技時，一般的風險管理會變得沒有效果。他特別關心的是任何超出人類控制的人工智能機器的可能衝擊。他也擔心核子戰爭和環境災難。博斯特倫看出民主的價值，只是他沒有把民主放在優先。散播民主有可能有助於保存人類物種，因為民主國家偏好和平多於戰爭。但當有其他更實際的問題需要對付時，花時間在民主上是一種風險。博斯特倫寫道：「因為資源有限，明智制定輕重緩急的順序非常重要。花一百萬美元研究存在風險可大大增加相關研究的數量，但倘若把同一筆錢花在促進世界和平，將會有如滄海一粟。」⑫

另一方面，博斯特倫擔心民主可能會妨礙救援行動。在民主社會，你很難說服人民把焦點放在還未發生的事情的風險。選民傾向於把他們已經知道的風險列為優先。不過，每個人的生存也許都有賴對於還沒有顯露的危險採取先制行動。「在攸關重大的事情沒有任何可見的證明之前，民主將會很難有效的行動。等待這樣的證明斷然不是選項，因為那證明本身也許就是劇終。」⑬

博斯特倫是一個不尋常的人，讓部分科技產業深深著迷。《紐約客》雜誌在二〇一六年把他形容為比其他人看得更遠、也因此並不總是注意到眼前有些什麼的人。有鑑於科技進步神速，要想像生活在二十年後會是什麼光景對我們大部分人來說都極為艱難。但博斯特倫卻認為我們有責任思考生活在一百萬年後也許會是什麼光景。他還希望可以逃避死亡。就像他的一個朋友所言：「尼克對科學的興趣基本上是從他對可以永遠活下去的渴望生長出來。」⑭

《紐約客》這篇文章的標題是〈末日發明〉（The Doomsday Invention），呼應著該雜誌在二十世紀中葉進行的末日意識提高作業。但它的調子是無憂無慮和反諷，作者對博斯特倫的知性野心微微覺得有趣：「他相信他的工作可以讓任何其他事情的道德重要性變低。」博斯特倫會毫不難為情地投入某些明顯荒謬的猜測而讓人覺得古怪。他的支持者把他對人工智慧的災難性潛力的警告類比於瑞秋・卡森的〈寂靜的春天〉。但這卻不是他給人的印象。他要遠不止於此。〈末日發明〉裡完全沒討論政治。

所以讓我們回到核子武器。這裡仍然有一個謎題。如果存在風險帶來了民主的終結，那廣島之後發生了什麼事？

在冷戰的四十年間，雖然世人每日生活在被毀滅的威脅中，民主看來欣欣向榮。這是一個民主高揚的時期：民主制度穩定和興隆，讓福山宣稱我們已抵達歷史的終點，只剩下自由民主佔據畫面。就算我們現在不再相信這個，有一點仍然很明顯：現代民主的黃金歲月也是核子政府的鼎盛時期。如果核子武器對民主具有致命性，那民主又是怎麼能夠和核子武器共存共榮？

部分答案是：一廂情願。在冷戰期間繁榮的那種民主，並非於存在選擇（existential choice）的層次上運作。它是奠基在生活的基本必需品：福利、工作、教育。透過揹負世界終極命運的重量，核子政府讓民主國家有了呼吸的空間。但這種分離不是全面性。核子武器仍然成為民主爭論的一部分。一九六〇年代早期和一九八〇年代早期的活躍反核運動都顯示它們有能力動員大量關心的選民。裁軍有時會是選戰的議題。選民對核子武器的危險並不是不知不覺。

民主可以在這些環境下繁榮，是因為存在問題被帶到了基本必需品政治（bread-and-butter politics）的層次。選舉時的議題並不真正就是世界的命運。它從來不是。重點是人們對於那些代表他們作出決定的政治人物作何感想。這才是代表制民主的基本問題：我們怎樣看**這些**為我們下決定的人？議題是什麼並不是那麼重要。那可以是一個核子世界末日的問題，也可以是一個麵包價格的問題。

在一九六二年十月，介乎〈寂靜的春天〉和〈艾克曼在耶路撒冷〉的發表之間，世界經歷了它歷來最接近核子災難的一次。在古巴飛彈危機的十三日中，兩大核子強權看來準備好釋放出不可想像者。隨著高潮的接近，即當俄國和美國的船隻明顯設定對撞的航道時，人類文明的命運變得懸於一線。最後，一半出於談判技巧，一半出於運氣，甘迺迪和赫魯雪夫找到了一條從深淵邊緣回頭的道路。十天後，美國選民在美國國會期中選舉得到了一次評價他們的天大好運的機會。他們怎樣獎勵總統？甘迺迪的民主黨在參、眾兩院都失去了席次。那個讓有些選民對他不滿的議題是穀物價格。

當人們受夠了一批政治人物或另一批，就會使用手邊有的任何工具。核子政治就像環保政治一樣，可以是用來提醒政治人物不要把我們的支持視為理所當然的工具。

這並不表示民主有能力就存在威脅來發言，而只表示存在威脅有時是可以踢到政治人物痛處的好方法。現在，因為很多政治建制都對氣候變遷嚴肅以待，否定它變成了一種人們讓自己的聲音被聽見的方法。這總是一個錯誤：假定民主爭論的一邊關心地球的命運而另一邊不關心。事實是，兩邊都同時關心和不關心。兩邊都關心，是因為沒有人想要看見世界末日。兩邊都不關心，是因為這就是民主：人們真正關心的是誰來告訴他們該做些什麼。

專家不太喜歡別人來告訴他們該做些什麼。因為意識到核子策略有可能會被民主政治的非理性感染，冷戰期間有一個為存在決策（existential decision-making）切出一個獨立空間的嘗試。那個被稱為「理性選擇理論」的經濟學分支被應用在核子阻嚇的問題。目標是確保全時間都是保持最佳化策略。像核子衝突這麼嚴肅的事情，應該擺脫對於誰來決定、該做哪些事的反覆無常之人類判斷。要做到這一點，最佳方法是把核子嚇阻視為一組有自己規則的遊戲。這是《奇愛博士》諷刺的方法：為了拯救世界，我們必須準備好摧毀它很多次。這是瘋子行為，可是它從自己的要求出發卻說得通。

但賽局理論和民主不可能完全分離，它們會滲透到彼此。這部分是因為民主原來對於玩某些種類的賽局有用。一種思考核子嚇阻的方式是把它視為一個膽小鬼賽局（game of chicken）。在這種情況下，最佳策略看來是非理性，好讓另一個參賽者首先認輸。如果兩輛車迎頭駛向彼此，那首先打方向盤的大有可能就是那個相信另一個駕駛太瘋狂、絕對不會打方向盤的駕駛。如果美國總統因為反覆無常的民主輿論不允許，沒有完全自由把核子戰略交到專家手中的話，那未嘗不可以是一種戰略優勢。那會讓俄羅斯人三思。從賽局理論的觀點觀之，民主的決策常常很白痴。但它有時可以是一個有用的白痴。

與此同時，賽局理論家有自己的政治野心。一旦核子戰爭切出一個獨立的空間供專家揮灑，為什麼要以此為滿足？如果民主是個白痴，那我們當然應該設法在政治生活的其他領域加入更嚴格的規則。福利國家、教育系統和民主過程看來全都適合被注入不帶感情的分析性思考。如果每個人都被視為理性主體，會以自己的最大利益為念，那生活的很多層面都有潛力擺脫民主的混淆。

一個結果就是，那種在核子政府找到立足點的思考方式開始向外擴大。從一九七〇年代晚期開始，民主政治感染了有關經濟應該如何運作的賽局理論模型。政治生活的凌亂被完全競爭和有效市場的清晰線條取代。只要民主政治的亂糟糟可以被擋住，這些做法被證明非常有效。與它們的得勢同時的，是一個被廣泛相信的信念：不只歷史已經走到盡頭，就連繁榮和蕭條也變成了過去式。世界理論上應該怎樣運作的模型比世界實際上是如何運作的模型更受青睞。最後，歷史趕上了模型。隨著二〇〇八年金融危機的爆發，民主的亂糟糟兇猛地返回。它時至今日還在發洩它的仇恨。

如果說民主的問題在於它可以把一個核子僵局轉變為柴米油鹽政治，賽局理論的問題就在於它可以把柴米油鹽政治轉變為一個核子僵局。它把人們面對的選擇看成可以用存在的語匯架構：我贏，你輸，脈胳是不相干。那是一種荒謬的一刀切。民主並不是這樣。按照民主被認為應該是的樣子去對待民主並不會讓它就範，只會平添不確定性。

冷戰的教訓是民主和存在風險可以並存不悖，但不是用兩者都能瞭解的方式。思考世界末日的問題對民主來說太困難，不是它能夠應付，但又沒有困難得足以把它殺死。民主持續下去，和一個它不真正能忍受的夥伴不快樂地待在一起。

現在的世界不再是《奇愛博士》的世界。我常常在一些把日子花在擔心存在風險的人的陪伴下打發時間。這些研究智慧機器人、超級細菌和地球毀滅的來臨時代的人，都是性情溫和和心懷好意。他們對民主沒有意見，在有需要時，他們也會讚美民主的優點。但他們對政治並不是真正感興趣。那只是從二十一世紀那個凌駕一切的問題分心：人類會不會能夠從另一頭走出來？

讓很多這些好人晚上睡不著的夢魘是智慧機器會失去控制。這是「邪惡的例行公事化」的終極版本：不知用腦的機器人會吞噬掉他們行經路線的所有一切。但這不是鄂諾蘭說「邪惡的例行公事化」時的意思。它本來並沒有政治向度。沒有辦法可以把那些機器叫醒，掌摑他們脫離恍惚狀態。它們不過是機器。這是一個科技問題，不是政治問題。我們要做的只是找到開關。

設法防止政治干涉拯救世界的方案是一種高貴的衝動。但此舉是一個錯誤。你無法把民主侷限在它被照顧良好的花園角落。只要它存在一天，無可避免會從被封閉處溢出來。民主不會對侷限客氣。它會讓人們覺得他們被當成理所當然。他們會對代他們做出重要決定的好意專家態度惡劣。我們對於這些當家作主的人是何感想？不多久，我們就會去抓手邊抓得到的任何悲憤。

在二十世紀期間，可以發生在民主身上最壞的事帶出了它最好的東西：戰爭、金融危機和其他災難提醒人們，他們在冒哪些風險。但隨著存在風險開始遮蓋其他種類的威脅，民主受到了削弱。存在風險帶出了民主最壞的方面。人民權力和技術專業被拉扯開但又沒有真正分開。兩者都沒有放棄把對方收服的希望。它們以不自在的準疏遠關係並存。只要最糟糕的情況不發生，這是一段可以維持很久的冷冰冰婚姻。

還有一個進一步的恐懼縈繞著二十世紀的政治想像力。那就是恐懼相互連通性

（interconnectedness）。我們有一種揮之不去的感覺：我們的世界因為一切都彼此連接在一起，變得非常脆弱，不堪一擊。只要一個部分垮掉，就有可能整個垮掉。全球的金融、能源、通訊、健康和運輸系統以無人能控制和沒有人充分理解的方式連接在一起。這種規模的複雜性極為脆弱，因為震撼有可能在任何人來得及反應之前便已傳遍整個系統。拜便利的空中交通之賜，一種流行病十幾小時內就能夠傳遍世界。國際金融系統任何一個角落的崩潰都有可能在各處引發連鎖反應。一次大停電有可能會讓一切停擺。

網絡的可怕之處是它們有可能會在毫無預警的情況下崩潰。這不需要有人類動機涉入。一個網絡也許會無緣無故失靈。因為沒有一個單一控制點，網絡的任何部分都可能成為脆弱環節。網絡的強處正是它的危險之處：沒有人負責控制接下來會發生什麼事。

當代小說讓這種恐懼得到生命。在麥卡錫（Cormac McCarthy）的《長路》（*The Road*, 2006）裡，世界末日是由一樁不具體的事件帶來。它發生在遙遠地平線的某處。我們唯一知道的是「出現了一道長長的光，然後是一系列的低沉衝擊聲。」[15]這也是我們唯一需要知道的。有什麼事情發生了，它的迴響觸及了一切。那事情可以是任何事情。在米契爾（David Mitchell）的《骨時鐘》（*The Bone Clocks*, 2004）中，氣候變遷導致飛機從天空掉落。因為網絡化通訊失靈，不同的社群變得彼此隔絕。我沒有被告知為什麼會發生這種事。那並不重要。它讓我們體認到文明是有可能在沒有任何人充分明白理由的情況下分崩離析。在超出我們控制能力的力量面前，我們非常脆弱。一切都依賴系統／電網／網絡／網路／機器。它必須持續運作——直到哪一天忽然停擺為止。⑯

對相互連通性的恐懼已經存在了一段長時間。在寫作於一百多年前的短篇小說〈機器停止〉（The Machine Stops）中，佛斯特（E. M. Forster）想像出一個適合二十一世紀的反烏托邦。⑰佛斯特描述了在未來網絡化世界中孤立個人的貧瘠生命，這生命隨著他們全賴以運作的機制的停擺而結束。這些人只能透過一種即時通訊方式彼此溝通。他們除幻想以外很少有其他事情可以分享。他們的快樂來自按一個按鈕。他們沒有真正屬於自己的經驗。統治他們生命那部「機器」的失靈既是死亡，也是解放。

佛斯特相信人類應該「只是連結」，而不是相互連結。一切和一切連結的可怕之處在於它會讓人失去清晰的判斷能力。我們不再有辦法決定什麼是真正重要，因為沒有東西是不相干，也有沒有東西是真正重要。這個故事只有一個方式可以終結，就是系統性的崩潰。我們任由連結我們的東西擺佈，是因為我們沒法接觸到那個不經過它們中介的世界。要擺脫就是要掙脫鎖鏈。到那時，它整個都會分崩離析。

這個夢魘的當前版本包含的不只是資訊網絡。我們透過一個共享的生態系統互相連結，透過複雜的能源供應鏈互相連結，透過交織的金融市場互相連結，透過全時間處於滿載邊緣的運輸系統相互連結。我們知道，一個差錯就足以引起鎖死和大停擺。我們全都多少有過類似經驗：在一個停止運作的機場苦候；望著當機電腦的空白螢幕發呆。我們不知道如果一切同時停擺會引起什麼後果，但可以用猜的。

這些恐怖故事裡沒有政治使力的空間。驅使我們恐懼的，是面對複雜性的無力感。這就是為什麼很多當代反烏托邦鼓吹者對於我們是怎樣去到那個地步不感興趣。它就只是發生了。如果我們是在等待機器停止的那一天到來，那讓民主有活力的那些問題——我們想做什麼？我們想為誰而做？——都是不相干的。

被自己已無力控制的力量攫住的人常常被描繪成處於一種恍惚狀態。一種機械化、過度超連結（hyper-connected）的生命是貧瘠的。它同時可以作為一種鎮靜劑起作用。我們看似充分的參與，但其實沒有真正看見自己正在做什麼。我們只是做做樣子。

我們也許就像夢遊那樣走向災難的想法是歷史學家從二十世紀的恐怖事件學來的一課。克拉克（Christopher Clark）的《夢遊者：一九一四年歐洲如何邁向戰爭之路》（*The Sleepwalkers: How Europe Went to War in 1914*, 2013）研究了現代一件始料不及的大災難：第一次世界大戰。⑱沒有人真正想打這一場仗。沒有人知道要怎樣才能停止。偶然的選擇加上特定的環境，驅使個人犯了事後才看得出來的災難性錯誤。涉及其中的政治人物不只是處於被催眠的恍惚狀態，做著系統要求他們的事情。他們還是在睡夢中有目的地移動，充滿精力，但對於更大的畫面茫然無知。他們就像賭徒那樣夢遊著走向災難，看不見自己無力掌控自己的命運。

當代政治對這個恐怖故事有一些迴響。它的陰影是無可逃遁的。如果美國和北韓決定開戰，那將會是因為它們的領導人還在夢中，不知道此舉要冒多大風險。犯下災難性錯誤的可能性總是與我們同在。

然而，對相互連通性的恐懼也會產生出相反的效果。遠遠不是睡著，很多當代政治人物都高度警戒、唯恐會犯一些無可補救的錯誤。我們可以說他們對他們要冒的風險過度凝神。因為意識到最大的危險將會是擾亂機器的順暢運作，他們極度小心翼翼、每次只踏出一隻腳。他們不是在夢遊，是在走鋼索。

如果我們僅僅是睡著，解決我們困境的辦法將會是明顯的。人們說不應該喚醒一個夢遊者，但這個忠告對於正在磕磕絆絆往災難走去的人並不適用。你當然要把他們叫醒！你嚇著夢遊者的危險遠不如讓他們繼續對環境茫然無知的危險。被嚇一大跳也許正是他們需要的。但讓一個走鋼索的人嚇一大跳卻不是好主意。他們需要的是冷靜。走鋼索者一次只會踩出一步。

夢遊和走鋼索都是當代民主的特徵。它讓我們的政治奇怪地具有著小心翼翼和粗心大意的雙重性質。

在邁向二〇〇八年金融危機的過程中，民選政治人物和央行領袖們開始在方向盤前面睡著。因為沒有人對更大的畫面思考得夠用力，風險被任由在系統裡面累積。太多主要玩家的行為就像眼神呆滯的賭徒，目光不及於下一盤賭局之外。現在不再是這樣了。自從金融危機以後，負責管理系統運作的人的行為更像是走鋼索。他們採取的量化寬鬆政策的風險非常高——沒有人知道會有什麼長遠後果。歷史上並沒有先例。但不管銀行家還是政治人物都沒有看不見其中的風險。他們知道那是冒險之舉。這就是為什麼他們對踏錯一步的危險那麼敏感。他們小心翼翼行走，眼睛向前，害怕看下面。

瓦魯法克斯尋求解決希臘危機的努力，在這兩種心靈狀態的張力中擱淺。他想要喚醒歐洲注意逼近的威脅。但他面對的力量（歐盟、歐洲央行和德國政府）並沒有在方向盤前面睡著。他們自覺清醒得要命，而認為瓦魯法克斯的吵鬧、摔盤子政治（plate-smashing politics）對於他們設法保持的良好平衡系統是一個威脅。

在這場角力中，雙方在彼此眼中都像是處於恍惚狀態。在瓦魯法克斯看來，三巨頭是夢遊者、看不見災難就在下一個街角等候著。在三巨頭看來，瓦魯法克斯是一個眼神呆滯的賭徒，無法看見什麼是真正攸關重要。因為這是一場政治角力，雙方都是受到他們努力去控制的偶然性驅策。雙方都沒有真正的陰謀。但看似處於恍惚狀態的政治人物會為陰謀論提供燃料：這生物睡著了，但卻有目的性地移動著，所以必然有某個人在幕後拉線。

這些是「聽眾民主」的危險。觀眾必須和他們相互衝突的衝動——做太多或做太少——戰鬥。當政治人物看似睡著的時候，他們會忍不住喊一聲「嘩！」看看會發生什麼事。但如果政治人物是醒著和害怕向下看，那他們聽見聽眾的大喊聲後將不會表現出符合聽眾預期的行為。走鋼索者不會被群眾的聲音刺激。他們受的訓練讓他們對這些聲音置若罔聞。他們的看似恍惚狀態會隨著觀眾更憤怒而加深。他們可能會看似凍結，害怕向前走或向後退。這會引起什麼後果？觀眾也許會喊得更大聲。又也許他們會放棄和走開。

走鋼索可以是有創意的行為。二〇〇八年的紀錄片《偷天鋼索人》（*Man on Wire*）回顧了一九七四年夏天珀蒂（Philippe Petit）在世貿中心雙子塔之間進行的空中走鋼索表演。珀蒂暱稱這個表演為「政變」，因為它是祕密策劃，在一小批同謀的協助下實行——他們幫助他在深夜闖入大樓和架設裝備。珀蒂在離地四百公尺高的鋼絲來回走了八次。一批驚訝的群組聚集在下方，而珀蒂後來說他聽得見他們的喃喃說話聲和歡呼聲。從現在回顧，珀蒂的作為有什麼讓人縈懷之處。部分唏噓來自世貿中心已不復存在的事實，另外也是因為這次表演的自發性引起。珀蒂的「政變」既非小心翼翼也不是粗心大意。它是一種真正的自我表達。

當代政治被一種失落感縈繞。它所失落的，部分是真正自我表達的能力。我們不是走鋼索的人。那是別人代我們做的，他們是那些非常害怕從鋼絲上掉下來的官僚。群眾的噪音不是這表演的基本構成部分。在保持挺直和向前走的過程中，有另一種風險需要面對。沒有人走到另一頭再折返是為了好玩。表演的目的只是維持高高在上。

民主政治仍然有它不顧後果的一面。因為戲本身已經殊少意義，我們選出一些承諾大破大立的政治人物。選舉已經變成了一種貧瘠和人工化的表演。川普不是一個愉快的走鋼索藝人。他是個夢遊者和賭徒，不介意看見別人從鋼絲上掉下。想要看見他走鋼索就是相信兩件事情的其中之一。要麼是底下有一張安全網，要麼整個表演是一場騙局。

與此同時，我們縱容自己縱情於反烏托邦。它們一樣有它們的鎮靜力量。你不可能讀《長路》而不被深深感動。故事中那對在一個殘破社會裡求生存的無名父子道出了生命的脆弱、人類精神的力量和也許等在我們前面的可怕前景。很多讀者聲稱他們受到《長路》激發而採取行動。當父母的在晚上叫醒小孩，告訴小孩他們有多愛他

第三章

科技接管

Technological takeover!

當高爾（Al Gore）自稱是網路的發明者的時候，人們都笑了。他們確實應該笑，因為發明網路的人不是高爾，而是甘地。

佛斯特的〈機器停止〉最早刊登在《牛津和劍橋評論》，時間是一九〇九年十一月。當時，甘地是個年輕律師和民權鼓吹者，住在南非。他看來在從倫敦回南非的輪船上讀過〈機器停止〉，並明顯受到影響。旅程的大部分時間他都是在寫《印度自治》（*Hind Swaraj*）——一篇主張印度脫離英國獨立的宣言。福斯特對網絡化未來的預言讓甘地看出西方文明正在往哪個方向發展，以及為什麼印度有必要擺脫這個方向。在《印度自治》中，甘地預言了「亞馬遜」（Amazon）、「優步」（UBER）和「哈羅生鮮」（HelloFresh）的時代的來臨。受到佛斯特啟發，他哀嘆科技把我們帶往了錯誤方向：

人們將不需要使用手和腳。只要按一個按鈕，衣服就會出現在他們身邊。再按一個按鈕，他們就會得到報紙。按第三個按鈕，就會有汽車等著載他們。他們將會有各式各樣美食。一切都是由機器做好。①

甘地把我們越來越依賴人工化享樂和舒適的情形視為文明失敗的標誌。然而，在他撰寫《印度自治》之時，這種現象卻「被認為是文明的高峰」。

甘地把西方的誤入歧途主要歸咎於現代的代議民主制。一個依賴民選官員為我們做決定的政治系統，將永遠不能把我們從這種人工化的存在狀態搭救出來。它怎麼可能做到？代議民主制完全是人工化的東西。它已經變成了機器的奴僕。它透過黨機器、官僚機器和金錢機器運作。公民成為了自己政治命運的被動消費者。我們預期只要按一個按鈕，政府就會回應。我們會老是失望並不讓人意外。我們得到的是廉價的承諾和無恥的謊言。

在甘地看來，理想狀態是回歸古代世界的面對面互動政治，當時的人類互動並不是以機器為中介。他相信這樣的事可以發生在一個獨立的印度——只要它的民主是以村莊共同體和印度傳統的「自治」價值觀為主導。印度在一九四七年獲得獨立，但甘地的民主願景從未得到實現。今日，雖然他已經作為國父受到尊崇，印度的民主卻還像其他地方一樣人工化。當家作主的仍然是黨機器、官僚機器和金錢機器。甘地在一個世紀前的靈視——社會由按下按鈕的人民奉按下按鈕人民的名義統治——已經在一個他原以為可以拯救我們的地方實現了。機器贏了。

甘地偏好的政治參與方式對大部分二十一世紀公民來說太苛求了。他想要打破我們對現代藥物、律師、機械化運輸方式和人工化通訊方式的依賴。他認為人只應該去走路到得了的地方，只應該在說話被人聽得見的範圍內溝通。我們無法那樣生活。但我們憑本能知道甘地所稱「我們的政治已誤入歧途」的說法正確。現代政治確實高度機械化和強烈人工化。它沒有為其聲稱管理的複雜系統提供一個替代選項。它只是複製它們，方法是讓自己越來越複雜化和人工化。

害怕機器停止運作的心理總有一個相對應者（counterpart）。甘地把它說了出來。萬一機器不會停止運作怎麼辦？那樣的話，我們會落得怎樣的境地？甘地不太像是數位科技未來的先知。儘管如此，他在這方面的表現還是比很多科技專家強。

歷史學家艾傑頓（David Edgerton）所謂「舊的震撼」（the shock of the old），對數位科技的適用程度並不亞於對其他種類的科技——變遷極少會像我們以為的發生得那麼快。②它發生在一個大部分事物依然為人熟悉的環境。一個行將宣布自駕車來臨的世界，一樣有著比從前任何時候還要多的腳踏車。我們傾向於誇大科技轉化有多麼快速。那些可以從科技進步獲利的人特別是如此。他們想要轉化立即發生。

我們距離有自己心靈的機器的問世還有一段遠路。很多人工智慧的研究者都認為，智慧機器真正出現可能還要再等二十年。他們這樣說了至少五十年。人工智慧的地平線不斷向後移二十年。就像民主總有一天會終結一樣，智慧機器也總有一天會來臨，甚至是突然來臨。但還沒有到那一步。我們推進快速，但並沒有與我們最豔麗的未來夢想接近多少。電腦現在可以做一些三十年前想像不到的事，是人類心靈所遠遠不及。但電腦並不會像我們那樣思考。

等待永遠不會來的人工智慧革命，有可能是一場巨大的替代性活動（displacement activity）。當我們為智慧機器的黎明擔憂時，不夠有智慧的機器業已分擔了我們很多工作。電腦也許學不會怎樣為自己思考，但我們卻學會怎樣讓它們來為我們思考。一部機器並不需要有智慧才能執行傳統上歸類為人類智慧範圍內的工作。需要的只是由人來告訴機器該做些什麼。

沒有智慧但超級有效率的機器已然在當代民主中做了很多工作。政黨有賴大型自動化數據庫幫助它們打選戰。政府越來越倚重大型數據系統來管理健康照顧和其他公共服務。這些機器並不會企圖征服我們。它們不會為自己追求任何東西——它們沒有這個程度的意志力。它們不只是我們的僕人，還是我們的奴隸。兩千多年來，談論政治的作家都警告我們，奴隸制對奴隸主來說一樣是壞東西。它讓他們在自己容易滿足的欲望面前奴顏婢膝。它讓他們任由自己未經思考的任性念頭所擺佈。

無智慧機器的危險在於，隨著它們的能力和功用性的增加，會誘使有智慧的人類過度依賴它們。當前的機器學習容許電腦從龐大數據中挖出一些無人能匹敵的洞察，發現一些遊戲規則。這些並不是有智慧的洞察：它們缺乏深度、細緻度和情感共鳴。

然而，正是機器學習讓自駕車開在路上時，比任何人類所開的汽車安全和可靠。正是機器學習讓 Google 在你還不太知道自己在搜尋什麼時，就已知道你在搜尋什麼。機器不真正知道自己正在做什麼，但卻可以比我們更成功地翱翔在人類打造的世界。

不難想像出這種未來的一個反烏托邦版本。使用不會思考但強大有力的機器是一種可以讓我們變肥和變懶的方法——即便不會在身體上，也會在心靈上變肥變懶。汽車為我們駕駛，Fitbit 為我們監視，Polibot 為我們決定。既然如此，為什麼不把所有困難的決定都移交給可以為我們消化數據的機器呢？我們也許是為了讓生活更輕鬆而自覺地這樣做，也或許是因為對機器越來越依賴而不自覺地這樣做。我們全都認得這方面的徵兆。每天都花好幾小時去寄出和回覆一些無意義的電子郵件——不是因為電腦說我們必須那樣做，而只是因為我們缺乏能力打破魔咒。唯一可以讓我們擺脫束縛的就是使用更方便和更直接的科技。然後，我們又會對它上癮。不用錢的便利即是它自身的詛咒。

在這個夢魘的政治版本裡，人類對科技的依賴讓我們可以輕易被剝削。將會奴役我們的不是殺手機器人。唯一有需要的只是能用機器為自己牟利的不擇手段的個人。在依賴科技的世界裡，精明的政治操作者就是霸王。這就是目前縈繞西方民主的可怕故事，我在本章稍後會再來談它。它的可見跡象是假新聞和對選民的微目標定位

（mico-targeting），用機器產生的消息去觸發他們的偏見。如果落在錯誤的人手上，這項電腦左右人類的能力，有可能會宣布民主的終結。

但這個故事不必然是反烏托邦性質，而這一章也不只是有關可能發生的最壞情況。機器仍然只是機器。壞人可以把它們用於不好的目的，但大部分人都行事正直。就算絕大多數的現代公民無法過上甘地心目中苦行僧般的美好生活，也不表示他們是失敗的。對這些人而言——就是對我們而言——科技可以幫助改善我們對世界的經驗。便利和舒適不應該是被嗤之以鼻的東西。設法讓民主以更有效率的方式運作也不是。

說到底，威力強大但不會思考的機器並不真正是我們的奴隸，因為它們沒有在身為主人的我們手底下吃苦。我們不像那些不把其他人當人看的主事者那般沒心沒肝。機器不是人，只是物件。我們可以任憑喜好盡情使用它們。

所以，為什麼我們不用機器來改善我們的民主，而是用它們來摧毀它？如果我們的政治機構正苦於對看似棘手的問題找不到可行的解決方法，那麼，機器學習似乎應該是一個幫助而不是詛咒。不會因為情緒而對證據分心的機器也許就是我們需要的東西。民主太容易分心了。不管告訴人們什麼，他們都是單**憑感覺**下決定。機器不會這樣。證據呈現到哪裡，它們就會去到哪裡。

新科技解決問題的能力業已擴大了我們的專業。有些電腦對疾病的診斷比任何醫生都要準確，因為它們能關照到龐大許多的相關資訊體系。但這種情形並沒有讓醫生失業，反而可能會讓他們成為更好的醫生。機器解決了技術問題，醫生人化（humanise）了解決辦法，帶著同理心、面對面告訴病人他們得了什麼病和該怎樣醫治。要讓電腦能夠帶著同理心對待病人還需要一段很長的時間（哪怕有些人工智慧專家告訴你，電腦大概只需要二十年就可以做到這一點）。政治亦可作如是觀。機器解決問題，政治人物幫助我們理解那解決辦法的意義。這樣，民主也許會變得更好。

不過，若要讓這樣的事發生，一些其他事情必須先發生。政治必須對這些機器和當前操控它們的人恢復一定程度的掌控。否則就會有這樣的危險：我們不是利用機器來幫助我們解決問題，而是把自己侷限在那一類機器才能解決的問題。科技不會自己決定我們的未來，只會在我們讓它們這樣做的時候才這樣做。

反烏托邦只是一個惡夢，一如烏托邦只是一個好夢——它們都不是實際存在的地方。但是一個充滿威力強大但不懂思考的機器的世界卻不是夢。我們已經生活在其中。它就是現代世界。怎樣和這些機器生活在一起的問題，總是出現於現代政治的核心。

甘地絕不是唯一把西方民主看成受到政治機器主宰的人。韋伯（Max Weber）也是一樣的想法——這位偉大的德國社會學家和甘地是同時代人。他們的不同之處在於，韋伯認為我們對此無計可施。他接受現代民主注定會徹底機械化。政黨都是一些沒有靈魂的「機器」，被設計來贏得並掌握權力。官僚體系是「一個鐵籠」。與甘地不同，韋伯想像不出來，如果我們的社會少了這些巨大和沒有靈魂的結構，還有其他辦法可以運作。它們讓民主政治成為一種特別疏離的事業。讓我們可以發出聲音的東西，也正是讓我們成為機器齒輪的東西。對韋伯而言，這就是現代的狀態。

邊沁（Jeremy Bentham）——比韋伯和甘地早一百年的哲學家和民主改革家——被他的批評者取笑為「一部計算機器」。他看來是把政治化約為一種對人類幸福的演算法的追求。他想要知道哪些槓桿可以拉動。但他絕不是沒心沒肝。他拚了命想讓那時代的民主運作得更好，讓它少一些殘忍、少一些任意，並且對人類差異多一些寬容。這表示必須把民主給民主化。但那也表示要讓它較為公式化，好讓它能擺脫偏見。邊沁相信，想要人化政治，你必須先把它非人化。

如果回溯得更遠，現代政治的定型形象其實是一個機器人。它出現在十七世紀中葉：

在霍布斯《利維坦》一書中，國家被形容為一部自動機器。

在霍布斯（Thomas Hobbes）的《利維坦》（*Leviathan*, 1651）一書中，國家被形容為一部「自動機器」，是透過人工化運動的原則（principle of artificial motion）獲得生命。[3]這個機械人似的國家不會為自己思考。除了構成它的人類給予它的思想以外，沒有別的思想。不過，如果它的結構正確，一個現代國家是可以把人類輸入（human input）轉化為理性的結果，方法是去除它們餵養暴力性不信任的力量。霍布斯的機器人是為了嚇人而設：它十足嚇人，讓任何個人在加入它之前都會三思。但它也是為了讓人安心而設。現代世界充滿各式各樣的機器。國家機器人會為了我們的福祉而控制那些機器。

霍布斯明白國家有必要按照它設法去控制的事物的形象來建造。必須看似人類，因為如果它控制不了人類，它就毫無用處。但它也必須像機器，所以是一個有著一張人臉的機器人。這個機器人準備好從我們的自然本能來拯救我們。如果任由人們自行其是，人類很有可能會把任何政治共同體撕成碎片。對霍布斯來說，這是古代世界給世人上的一堂課：當政治是基於無中介的人類互動，就會以打群架告終。古代國家最後全都分崩離析。沒有純粹人類的東西可傳之永久。但一部現代機器卻可以。

不過，把國家轉變為一部巨大機器有兩大風險。第一是它的威力不夠強大。其他更不擇手段、更有效率和更像機器人的人為產物也許會更強大。其次是它可能會太過類似它設計來管制的事物。在一個機器的世界裡，國家必須入鄉隨俗。這就是現代這時代的基本恐懼：不是擔心萬一機器變得太像我們的話要怎麼辦，而是擔心萬一我們變得太像機器的話該怎麼辦。

最讓霍布斯害怕的機器是公司。我們已經太習慣和公司生活在一起，以致不再察覺它們有多奇怪和多麼像機器。在霍布斯看來，公司是另一個種類的機器人。它們原是為提供我們方便而設，卻有了自己的生命。一間公司是人類的不自然聚集，被給予了人工化的生命去從事他們的追求。危險在於，人類最後可能會改為追求公司的追求。

好幾個世紀以來，人們對公司的擔憂和今日我們對人工智慧之於未來的擔憂如出一轍。公司是人造的怪獸。它們沒有靈魂，因此也沒有良知。它們能夠活得比人長命。它們之中有一些幾乎不會死。就像機器人一樣，公司可以在人類事務的殘骸中保持毫髮無傷。在二十世紀前半葉，德國社會經歷了瀕死經驗，人命傷亡的規模讓人魂飛魄散。但有些公司卻安然無恙，就像什麼事都沒有發生過。有些創立於十九世紀的最大德國企業至今還是最大：安聯、戴勒姆、德意志銀行和西門子都是箇中例子。就像人類的瘋狂對它們毫無影響。

與此同時，公司又是可有可無。它們有一些也許可以活到永遠，但大部分都非常短命。人類創造它們，又在一眨眼功夫讓它們收攤。因為它們沒有靈魂和沒有感覺，所以並不要緊。有些公司不過是空殼子。它們也會自我增生。公司會生出更多公司，就像空殼子裡面又有空殼子，讓普通人難以明白它們到底在搞什麼。我們對未來世界的擔心之一是：萬一機器人能夠自我複製的話會發生什麼事？其實，從公司的情形來看，我們對這個問題的答案已經有了一些概念。

霍布斯相信，控制公司的唯一方法是加強人工化的國家。他是對的。十九世紀之前，國家和公司為爭奪地盤和勢力而競爭。當時並不能保證國家一定勝出。東印度公司在世界很多地區的表現都要勝過國家。這間公司可以開戰，可以徵稅。在這些活動的支持下，它變得極為有勢力和富有。不過，隨著國家權力和權威的增加，特別是因為過去兩百年變得民主化，國家建立了自信。東印度公司在一八五八年被英國政府國有化。羅斯福在二十世紀初期打破美國最大一批公司的壟斷權力，進一步見證了民主國家新建立的信心。但真正做這事的人不是羅斯福，而是頂著一張羅斯福人臉的美國政治機器。它是行動中的利維坦。

韋伯沒有說錯：現代民主無法逃離機器。就此而言，甘地尋求的是一個烏托邦。但民主機器可以幫助把人工化的現代世界給人化。這長久以來都是民主政治承諾的一部分。直到現在，這個承諾大體上維持著。

對二十一世紀民主的一個尋常抱怨是它失去了對企業權力的掌控。大企業累積財富和勢力。它們助長不平等。它們污染地球。它們不交稅。對很多企業來說，這一類抱怨在所難免：銀行和石油公司全都聽過這些抱怨。但銀行和石油公司已不再是世界上最有勢力的企業。衣缽已經移交給了科技界巨頭：臉書、谷歌、亞馬遜和蘋果。這些公司都年輕且面容清新。它們相信自己所做的事有益世人，不習慣被人仇視。國家現在不確定要怎樣處理這些怪獸。

但它們畢竟是公司。既然美國民主在二十世紀初期曾經對付過標準石油之類的企業巨人，那它現在為什麼不能對谷歌和臉書開刀？祖克柏富有得讓人瞠目結舌。不過，根據某些標準衡量，洛克菲勒才是歷來最有錢的人。但這仍然不足以阻止他的托辣斯遭到解散。所有公司都有一個關閉鈕。國家知道哪裡可以找到它。至少在過去是知道的。

不管多富有或多有勢力，沒有企業可以在沒有國家的支持下存在。公司是在法律中創造，根據國家制定的法規運作。法規的越來越複雜使得對付任何大企業都是一件頭痛的工作，而且很多公司擅長找出對它們最有利的司法管轄權。由競爭國家創立的競爭法規讓管控大企業的工作更加困難。但管控並非不可能。需要的只是政治意志。現代國家的複雜機械性常常會模糊掉政治意志。當有需要的時候，我們看來似乎找不到機器裡的鬼魂。儘管如此，它還是在那裡的某處。

在過去，民主曾經發現了對付企業權力的意志。它能夠再一次發現嗎？也許可以。但是在數位時代，這些歷史類比也許是一種虛假的慰藉。今日的企業巨獸存在於一種對其權力非常包容的政治文化中。在美國，這一點受到最高法院在二〇一〇年的一個判決所鞏固：大企業享有和個人一樣的言論自由權利。這讓大企業在收購政治影響力的權利幾乎毫無限制。如果想要我們的創造物勝過大企業的創造物，必須確定我們沒有將之出賣給它們。

谷歌和臉書是非常不同於標準石油的巨獸。它們都有著更長的鞭長。它們不只是壟斷一件事情，而是同一時間壟斷很多東西。它們生產出人們在日常生活中變得必須依賴的東西：我們依賴它們的平台和產品來進行溝通。與此同時，透過塑造我們的所見所聞，它們影響著我們對彼此所說的話。祖克柏同時是個工業家和媒體鉅子，集洛克菲勒和赫斯特（William Hearst）於一身。這位「大國民」（Citizen Kane）不只擁有數位印刷機，還擁有數位油井。

沒有事情可以保障這種權力會傳之永久：只要是公司就會開業會歇業。但就目前，它非常讓人望而生畏。當《經濟學人》設法設計一個可以表達這種規模的企業權力的封面時，它回溯到一個非常久遠的時代。該雜誌把祖克柏描繪為一個羅馬皇帝，可以單憑把大拇指向上比或向下比就決定我們的命運。他也曾被人比作埃及法老王，因為法老王看似擁有神一般的力量。但如果這兩種類比可以成立，我們反倒少一些憂慮。因為古代統治者的神授權力最終都會被拆穿，顯得只是一種假象。法老王完全不是有著機器般效率的現代國家的對手。所有神樣的皇帝都有致命的弱點。真正的威脅是，只怕有朝一日臉書能夠模仿利維坦。

讓我們再看一看霍布斯的國家圖像。若加以適當地更新，那可以是一幅臉書的圖像，要做的只是把祖克柏的頭放在圖像頂部。他不是皇帝，而是一部巨大公司機器的首腦，組成部分是數量龐大的個人的輸入（input）。這些人為臉書提供了權力，卻幾乎沒能分享這權力。他們得到的回報是擁有自由做自己的事。這也是霍布斯的國家的承諾。霍布斯並不讓公民控制他們所創造的怪獸。他用他們的政治控制權換取個人自由。

假以時日，這宗買賣被證明是不讓人滿意的。大部分人都想得到更多掌控權。具體地說，他們想得到更多的民主：有能力控制他們的政治主子，至少是有權在適當時候把在上位者替換掉。現代國家把越來越多的公民納入其決策過程。同樣的事也許會發生在臉書。經過一段時間之後，臉書也許會被民主化。屆時，使用臉書服務的用戶也會有權幫助制定它的政策，一如民主國家發生過的情形那樣。歷史教導我們，利維坦是可以馴服的。

不過，歷史從來不是只有一個教訓。從霍布斯的利維坦演化為充分發展的現代民主，花了大約三百年。三百年對臉書這樣企業的生命來說不啻是永恆——哪怕只是三十年也長得讓人無法等待。所以，如果想讓臉書在比較近期就被馴服，必須動用國家擁有的權力——國家是我們為達此目的而發明的機器。光是人民對抗臉書並不足夠，還必須是利維坦對抗利維坦。

哪一個巨人會贏？這並不是一場公平的遊戲。霍布斯的利維坦是拿著劍的，反觀臉書卻沒有劍，所以無法透過暴力或暴力威脅逼人順服。祖克柏的創造物手上拿的是智慧型手機。它的力量是連接，不是強制。它必須透過習慣、說服和分心統治我們。現代公民不能選擇離開國家：霍布斯的買賣合約裡規定了這一點。但一個消費者卻可以在任何時候選擇離開臉書。臉書的權力倚賴於讓這種選擇權越來越空洞。祖克柏有需要讓他的人民感覺他們別無地方可去。

網絡的力量（這是祖克柏異乎尋常的鞭長之基礎）是靠著人多來達成的。臉書老是能吸引到新成員，是因為它本來的成員就夠多：加入的價值會隨著每個新成員的加入而增加。臉書越是能夠介入人們業已建立的關係，那麼其他人為了維繫他們既有的關係，就會更加需要臉書。這種力量不是一種蠻力，純然是數字的力量。當一個新興網絡開始把人吸引走，臉書就會把它收購下來（它對 Instagram、WhatsApp 和其他網站都這麼做過）。臉書的規模越大，得到的就越多，因為它的強大購買力會對任何想進入市場的社交網站構成巨大障礙。

所以，臉書有東西可以補償劍的闕如。在那幅利維坦的圖像中（頁 146），它不只是那個大地的巨人，還轉變成為前景中的城鎮。它已經開始成為人們的居住之處。

如果角力只是發生在巨人和巨人之間，那麼國家會勝出。國家不只擁有軍隊、警察和司法系統，軍火庫裡還有其他厲害武器。在霍布斯看來，有權力決定什麼可以被當作金錢是國家擁有的主要力量之一。放棄這種權力將會讓出政治控制權。這一點至今為真。國家愉快地把貨幣管理權轉移給中央銀行。這樣做是為了讓金錢不受外界干預。國家沒有把這權力交給企業。

直到谷歌和臉書擁有自己的貨幣以前，都有理由害怕美國聯邦儲備銀行。它們有賴國家為它們提供一種價值儲藏手段，沒有這種手段，它們自身的價值就不確定。這就是為什麼比特幣和其他數位貨幣對許多科技專家那麼有吸引力：它們開啟了讓他們擺脫依賴國家的可能性。谷歌和臉書也許總有一天會發行自己的貨幣（至少是推出可用作價值儲藏手段、會計單位和交換媒介的貨幣等值體）——那是一種遠比擁有軍隊更有實際可能性的前景。但這至少是二十年後的事。

過去，國家是靠著劍和貨幣的力量打敗強大的企業。但如果新的角力是發生在網絡和網絡之間，那麼龐大的科技公司就會擁有其他優勢。臉書擁有近二十億成員，規模比任何國家或帝國都要龐大。它可以用一種國家無法做到的方式滲透人們的生活。國家做到這一點是透過制定規則，有必要時會用武力支持這些規則。社交網絡做到這一點則是透過影響人們看見和聽見些什麼。

我們仍然可能想像美國政府決定關閉臉書——只要它真的想這樣做和找到政治意

志就做得到。政府擁有這個權力。臉書是一間公司，而公司總有一個關閉鈕。但是臉書同時是一個龐大的社交網絡。你可以關掉機器，卻不是那麼容易拔掉人們生活的地方。

但「舊的震撼」一樣適用於政治。即使世界已經被這些新的公司權力形式轉化，然熟悉的人類行為模式仍持續存在。川普贏得總統選舉之後召集矽谷的科技巨頭到川普大樓見他。大部分受邀者都有出席。祖克柏沒有赴會，但臉書的營運長雪柔・桑德伯格（Sheryl Sandberg）去了。谷歌、蘋果和亞馬遜的負責人也到了。不過，有一些公司被刻意冷落。例如推特的一哥多西（Jack Dorsey）就沒有受到邀請。推特也許是川普的擴音器，但他不打算對任何人表示感謝。

川普想要建立傳統的層級制。矽谷擁有的權力和鞭長也許為華府夢寐以求，但沒有任何大企業的老闆有資格教總統怎麼做。圍在一張以川普為首的桌子四周，他們只有聽他講話的分。誰是老大一目了然。

然後那些科技鉅子就散去了。這場見面沒有帶來任何實質後果。就像川普的很多行事那樣，他約見科技巨頭之舉只是作秀。他已經證明了他想要證明的重點：只要他一聲令下，他們就會過來。但這一點基本上是空洞的。

川普根據層級制思考，他想要確定人們聽命於他。那只是政治的一部分，而且這也是為什麼川普會讓人感覺他是那麼單面向的政治人物。垂直的關係必須用水平的關係去輔助，透過讓人們攜手合作把事情給做好。川普未能用水平關係去輔助他的垂直關係，是他難以把事情做好的一大原因。

最成功政治家的做事方式要更勝一籌：他們會把人拉進來，用網絡來輔助層級制。利維坦是有一些可怕的武器可資使用，但民主國家的真正力量是來自於結合由上至下的權威性和廣泛的包容性。只有在生活於劍底下的人相信政府有權代表他們揮舞它的時候，劍才會產生作用。

就像一個現代國家那樣，臉書同時是一個層級體系也是一個網絡。它比任何民主國家都要更為層級化：祖克柏和他四周的小圈子發揮著巨大的控制權。比起像中世紀王廷，它更像是一個現代政體，權力是從上流向下。與此同時，它的網絡又比任何國家所能達成的遠為廣大和具有包容性。臉書比任何民主國家擁有更多的成員。他們用臉書所做的事，比他們用任何政治工具所做的事要多。國家為我們提供服務，臉書協助我們展覽自己的生活。國家可以讓我們感覺安全，臉書可以讓我們感覺被愛。

臉書的最大政治弱點是它的層級體系和其網絡極度分離。該公司由上至下的組織結構，與它巨大分散的社交網絡完全互相牴觸。祖克柏是個王子，他的「百姓」搞不好也是他的農奴。他喜歡開口閉口「共同體」，企圖把全體成員維繫在一起。他在二〇一七年二月發表的個人使命宣言裡說：「進步現在要求人類不只作為城市或國家聚集在一起，還是以全球共同體的方式聚集在一起。」④他的語氣像個二十一世紀的生意人，同時也像個教宗，在宣布什麼的時候完全不認為有必要管其他人作何感想。

祖克柏有可能教美國總統怎樣做嗎？不可能。臉書的二十億用戶有可能在投票中擊敗美國的兩億選民嗎？不可能。臉書有可能動搖美國民主的運作方式嗎？有可能。這個挑戰不是直接的，而是隔了一層。劍仍然可以打敗智慧型手機。臉書將不會在一場生死搏鬥中痛擊利維坦。但它卻可弱化那些讓現代民主保持完好無缺的力量。即便它把自己的層級體系和網絡拉在一起，它仍然可以把民主國家的層級體系和網絡拉開得更遠。

艾格斯（Dave Eggers）二〇一三年的小說《揭密風暴》（*The Circle*），以不久將來的一間巨大科技公司為主題。⑤這間虛構企業的名字是「圓圈」。它可以是谷歌也可以是臉書，但讀起來更像兩者的綜合體。「圓圈」有著全球範圍的鞭長，尋求透過人類的各種活動把他們連結在一起。它鼓勵用戶用它的平台給一切評等，讓自己成為他們生活中的主要評價尺度。與此同時，這間公司的內部運作又是諱莫如深和神祕兮兮。

它的三位創辦人（稱為「智者」）發揮著廣泛且任意的權力。世界在他們的網絡為自己評等。三位智者可以決定他們的網絡被用於何種用途。

《揭密風暴》經常被描繪為一部反烏托邦小說，但其實它是一部諷刺小說。它點出臉書之類的公司以普遍共同體自居和它們邪教般排他性之間的落差。這些企業雇傭的人員較少，在裡面工作就像是屬於一個超級菁英群體，和他們的所在社群幾乎沒有整合在一起。谷歌用客製化巴士把員工從舊金山一個沒有其他人住得起的地點載到矽谷一個沒有其他人有資格工作的地點上班。

二〇一七年夏天，祖克柏為改正人們對他不食人間煙火的印象，在美國展開了一趟傾聽之旅。他的目的是想多知道些一般人是怎樣生活的。他一月時在臉書上寫道：「我的工作是連接世界和讓每一個人擁有聲音。我打算今年親自聽更多這些聲音。」⑥他去了多個美國偏遠小鎮，每次都是由公關人員和保安人員構成的近衛軍加以事先準備：他們檢查旅館、審核受訪家庭和選擇適當地點。這就不奇怪，一個記者會說祖克柏在讚美北達科塔州時，語氣「就像他是哥倫布本人，才剛剛發現那個地方的存在。」⑦這次被大肆吹噓的旅程助長了他計畫有朝一日競選總統的猜測。

臉書的使命聲明是：「給予人們建立共同體的力量，讓世人變得更加互相靠近。」在艾格斯的小說裡，被想像出來的數位利維坦的座右銘則是：「讓圓圈閉合。」目標是全面的相互連接。如果每個人真正地連接於其他每個人，那就沒有可以讓任何人感到被忽略的空間。「圓圈」的其中一個創立人把這條原則應用於民主。他在公司一個會議上說：「正如我們在『圓圈』這裡知道的，全面的參與會帶來全面的知識。我們知道『圓圈』想要什麼，因為我們曾經問過……我想，我們可以非常逼近百分之百的參與。百分之百的民主。」⑧達到這一點的方法，就是確保每個人都有一個「圓圈」的帳號，然後關閉任何不參與民主決策的人的帳號。要麼告訴我們你想要什麼，要麼我們不讓你想要任何東西。作為一個結果，參與變成了普遍性，而民主則變成了一種企業的獨裁。

臉書之類的公司永遠不會比國家能把民主「搞」得更好。其修辭上的包容性和實行上的排他性之間存在著巨大落差。艾格斯點出的不是直接威脅，而是附帶傷害的風險。「讓圓圈閉合」的觀念是荒謬的。但在一個對代議民主制日益感到挫折的時代，它也是有魅惑力的觀念。現代民主布滿坑坑洞洞。很多人感到備受忽略。他們的意見看來不受重視，而他們的代表常常顯得沒有興趣聽他們把話說完。當代的民粹主義受到這種不連接感的餵養。即便社交媒體無法提供現代民主一種替代品，它仍然看似可以提供方法堵住一些坑洞。

當代對代議民主制最強烈的不滿之一，是嫌它太慢和太笨拙——特別是和上網可以得到的即時滿足感相比更是如此。現代國家仍然是一部大而笨重的機器。網上通訊的速度要快上很多。因為有各種限制和制衡，因為有官僚體系和各種程序，民主看來太過龐大沉重，不適合二十一世紀。

在《揭密風暴》裡，艾格斯想像這些挫折感會怎樣表現在執法的領域。危險的罪犯有時會潛逃，而官僚化的國家速度太緩慢，追捕不到他們。那為什麼不把他們的細節公布在網上，看看社交網絡可以多快找到他們？在艾格斯的版本裡，一個殺童犯在二十分鐘內就被找到並施以私刑，有兩千萬人在網上收看。一張匿名的照片被公布在螢幕上，群眾迅速查出她的真正身分，找出她的藏匿之處，然後一些揮舞著相機的公民出現在她工作的地方，帶著義憤指責她。在「圓圈」的高層看來，這是行動中單純民主（pure democracy in action）的另一個例子。

單純民主是一種可怕的東西。群眾太容易把矛頭對準他們看不順眼的人。在古代雅典，失寵的公共人物有可能會被市民放逐或處死。托克維爾（Alexis de Tocqueville）在一八三五年談論美國民主的時候，把美國人的愛動用私刑歸因於該國的民主傳統。他稱之為「多數人的暴政」：只要有機會，多數人就會感覺有權利把他們的憤怒挫折感發洩在脆弱的少數人身上。馴化這些野性衝動的嘗試，在現在代議民主制的漫長歷史中大體上是成功了。我們不再動用私刑，不再放逐——在推特上除外。

網上獵巫不是真實的東西。這種私刑只是虛擬。但它的暴力性格仍是真實的：網上的暴民攻擊是一種讓人很難復原的攻擊行為。受害者會經驗到身體傷痛，常常得到憂鬱和疾病，也未嘗不可能自殺。所以推特有時會被人類比為西大荒（Wild West）。但事實上，它是我們擁有的東西中最接近古代世界民主的一種：浮躁、暴力和授權（empowering）。人們重新發現成群結隊對付自己不喜歡的人具有解放效果。它讓人精神振奮。它也可以是致命的。

網上的群眾暴力完全是透過機器進行，因此有著一種非人的性質。古代民主以面對面互動作為補救：市民們必須望著受害者的眼睛。當情形不是這樣時（例如要審判一些還在海外的將軍時），他們發現判被告有罪要容易得多。推特版本的直接民主更加危險，因為它不受物理空間和私人知識的限制。

在網上獵巫其中一個最惡名昭彰的例子中，有一個名叫賈絲廷・薩柯（Justine Sacco）的大企業公關部門主管，因為在網上寫了一則涉及種族和愛滋病的笑話，因而失去了工作、朋友和社會立足點。她登機前往南非前在推特寫道：「我要去非洲了。希望我不會得到愛滋病。開玩笑的。我可是白人！」⑨世人馬上感覺受到冒犯。到她下機的時候，她發現自己已成為沒完沒了辱罵和死亡威脅的對象。她的旅程就像一個世紀前的甘地那樣，是從倫敦前往開普敦。在海上幾星期讓甘地心無旁騖，有時間可以整理思緒。賈絲廷．薩柯在空中短暫停留期間也許也希望整理一下思緒，但她最後發現的是，十小時的遺世獨立足以摧毀她的人生。

把這種情形稱為「行動中的民主」是荒謬的。但這正是它構成的威脅：它對民主作出嘲笑。上推特不是參與政治的一種可行方法。它頂多是對民主做出疲弱的模仿，人們可以在其中發洩他們的挫折感而不需要面對後果。美國總統現在也開始這樣做。這種粗糙的煽動和過去的直接民主有一些相似之處，但卻沒有它的補救性質。被鼓動起來的暴民無所畏懼，也不偏袒。普通公民和知名政治人物一樣可以成為受害者。知道一句不恰當的話或一個粗心大意的姿勢有可能會讓人的一生成就付諸流水，已經對每個人起到了寒蟬效應。大概只有美國總統除外。

政治人物應該怎樣回應？艾格斯建議的方法是安撫。數位科技透過確保沒有事情可以對人民隱瞞，提供了先制排除他們產生挫折感的可能性。在《揭密風暴》裡，一個特別懦弱的政治人物主動表示願意一天二十四小時在脖子上戴著一部數位攝影機（連線到一個網上帳號），讓每個人都看得見他所做的每件事。其他政治人物正確地懷疑他是瘋了。如果一無隱瞞，那就沒有什麼實質是可以說的，否則每一個人都將會是自找麻煩。但當這些政治人物對大眾解釋這個時，群眾把矛頭對準他們：為什麼他們不願意披露自己在做些什麼？他們是要設法隱瞞什麼？在完全透明的國度，凡是有部分隱瞞的人都是騙子。所以幾星期之內，所有政治人物都戴上了數位攝影機。

代議民主制憧憬它不可能擁有的東西。我們永遠受到誘惑，想要封閉存在於我們政治中的缺口：讓它變得更加老實、更加有反應和更加完整。數位科技大大增加了這些誘惑。為什麼不讓政治人物更直接地為他們所做的一切負責？為什麼要讓他們能對（利益由他們代表的）人民有所隱瞞？為什麼不暴露他們？

我們全都想要信得過的政治人物。全天候地知道他們做些什麼看來是一種可以讓我們完全信賴他們的方法。但那不是信賴，只是監視，而監視是信賴的對立面。一旦我們知道他們做過的一切，信賴就會變得沒有意義。我們沒有需要去信賴永遠不可能背叛我們的人：那樣的人和機器相差無幾。信賴的先決條件是我們有失望的可能。排除失望就是放棄信任任何人。那是自拆台腳。

那同時是個假象。我們永不可能知道一切。政治人物總是能找到方法隱瞞。我們越是要求他們開誠布公，他們就越是神神祕祕，好把一些事情隱瞞起來。對絕對透明的堅持，只是讓找出一些穩當的隱瞞方法更形重要。當我們揪出這些方法，我們的憤怒將會嚇死人。

代議民主制無法把圓圈閉合。它依賴於人民和他們的代表之間的空間，依賴於作出決定和大眾對決定的評價之間的空間，依賴於意志活動和判斷活動之間的空間。它依賴於有足夠時間反省我們所做的事情。它預設了失望。那是一件極為讓人挫折的事情。但正是這種挫折感確保了網絡和層級體系的關係能夠維繫。臉書並不會讓人有挫折感。

代議民主制能做的只是設法把圓圈畫成正方形。那是不可能的。這正是重點。除反應遲鈍之外，當代民主另一個讓人產生持續挫折感的特徵是它固存的人工化性格。沒有什麼看起來比政黨更人工化。正如甘地指出，政黨的存在讓人們停止自己思考。政黨教導政治人物應該說些什麼，教導選民應該投票給誰。政黨介入了人民和他們的代表之間的直接互動。它們是贏得權力的工具。它們神祕兮兮和官僚化。它們的職責是儘可能把政治弄得機械化。

不過，當它們能夠把這工作做好時，會把其人工化性格隱藏在一張人臉後面。充滿魅力的政治領袖可以說服選民，他們的黨不只是一部搶選票的機器。它代表著某些別的東西：正義、安全、自由。與此同時，政黨黨員可以用自己的生命灌注黨機器。現代最成功的政黨曾經為它們的黨員帶來真正的歸屬感。

那樣的時代看來已成過去。很多大型政黨的黨員人數都直直落。英國保守黨在一九五〇年代有超過三百萬黨員，如今剩下僅僅十萬。他們的平均年齡超過六十五歲。很多它的前黨員對政治都沒有多大興趣。他們把政黨視為社交俱樂部，一個可以跳舞、閒聊和找對象的地方。今日，歸屬於保守黨標誌著對政治有著非常強烈的興趣。只有最自我中心的人會把它當成婚姻介紹所。這讓它的人工化味道更強烈。沒有了黨員，政黨越來越像只剩下舊時自己的外殼。

與此同時，政黨政治變得更加黨同伐異。政黨一度只是個寬鬆的聯盟，如今卻變成了特定觀點的刺耳和強硬喉舌。這現象在美國最為顯著，它的兩黨制系統傳統上非常具寬容性：過去，共和黨和民主黨各包含自由派和保守派兩翼，而且有相當比例是兩種立場重疊的黨員。但如今，它們卻把選民分化為強烈對立的陣營。除了色彩鮮明的核心黨員讓兩黨各走極端，一般黨員也越來越難以碰到另一黨的人。共和黨人和民主黨人不住在同一區，不會互相社交，不會看同一批新聞。在一九八〇年，只有五%共和黨人說他們不願意讓小孩嫁娶民主黨人。到了二〇一〇年，這個數字上升至四九%。[10]

主流政黨中有魅力的高層人士也越來越罕見。韋伯認為，黨機器的部分作用在於從尋常人員中篩選出真正的政治家。一個真正的政治領袖會超拔於瑣碎政治事務的層次，許給選民願景。其他所有人會淡入背景中。但現在，我們越來越難把尋常人員和政治領袖區分開來。大部分專業政治人物都從來沒有做過任何其他事情。他們是透過黨機器崛起，不是超拔於黨機器之上。

這是一個長期衰落的故事。不過，就像很多其他原因一樣，社交媒體革命加速了這個衰落過程。網上社群提供了五花八門的方法讓人可以獲得歸屬感。在有了許多其他社交俱樂部之後，不再需要政治當我們的社交俱樂部。傳統政黨政治的日常折騰（例如坐在不舒服的椅子上開長時間的會）與社交網絡可以提供的滿足感相比，顯得是個蒼白的模仿。當然，政黨政治的事務現在有一些也可以在網上進行：會議可以虛擬化，敲門可以用智慧型手機代替。但這只突顯出有多少其他東西是可以靠一按滑鼠獲得。

隨著老式政黨政治吸引力的衰落，那些仍然選擇參加它的人看來和所有其他人格格不入。它已經變成了一種搞小集團的活動。人們會對政黨政治人物進行網上霸凌，部分動機是因為覺得他們自成一國。如果不是為了取悅彼此和取悅出資支持他們的金主，他們為什麼堅持要搞政黨政治？我們渴求那些行為不像政治人物的政治人物。在碰到過很多自動機器般的政治人物之後，我們希望碰到一個有血有肉的人。在數位機器的時代，政黨政治的機械性質已經變成它的詛咒。

結果就是很多歷史悠久的政黨在選舉中遭遇前所未有的慘敗。在二〇一七年的法國總統選舉中，左右法國政治五十多年的左、右兩大政黨都沒能進入第二輪的投票。選民把它們當成骨董看待。社會主義者幾乎全軍覆沒。他們的候選人阿蒙（Benoît

Hamon）只得到僅僅六%的選票，而且該黨在議會中失去了近九成席位。主流政黨在荷蘭、希臘和義大利一樣是大敗。在民主世界的幾乎任何地方，傳統的左右兩黨看來都非常脆弱。

與此相反，近年來最成功的政黨是那些能夠把自身轉化為社會運動者。馬克宏（Emmanuel Macron）靠著他在一年前才創立的「共和前進」（En Marche）運動贏得二〇一七年的法國總統選舉。他再三強調「共和前進」不是傳統意義下的政黨。它是為了追求自動自發和有血有肉而設計，是由真實的人而非政治人物構成。在英國，工黨透過把自己重塑為一個社會運動，避免步上歐洲各社會民主政黨的衰落後塵。提供加入者一個可以用來反對議會黨代表的聲音，它的龐大規模得以復興。它目前的領袖柯賓反覆強調，工黨的黨員不是要為國會議員所用，而是反過來。

在美國，川普透過推出反對共和黨菁英的政治運動贏得總統選舉。桑德斯幾乎是以同樣方法打敗民主黨的建制派。在印度，莫迪除了領導一個政黨，還領導一個個人運動。土耳其的艾爾多安也是如此。民粹主義者都站到了運動政治（movement politics）的最前沿。但這種趨勢超越民粹主義之外。號稱是把歐洲從民粹主義拯救出來的救主，馬克宏利用運動政治打敗極右派的「民族陣線」的候選人瑪琳・勒朋（Marine Le Pen）。勒朋發現自己受到包抄。她的運動在一段時間之後已經轉變為類似於政黨的東西。

這些成功的運動都受惠於網絡效應的力量。人們會加入是因為別人加入：他們想要處於行動發生的地方。政治運動利用社交媒體和線上溝通把選民拉進來。它們成長快速，比傳統政黨提供更即時和直接的政治涉入。目前，它們看來是能夠應付數位時代要求的唯一代議民主制的形式。

不過，應付不同於管理。社會運動有著變成它們設法利用的東西的風險。「共和前進」不僅僅是從臉書得利，還越來越像臉書。它的網絡很寬，但層級體系很陡。站在頂端的那個人高高在上。馬克宏因為自比於羅馬神祇朱彼得而受到嘲笑。就任之初，他把該政黨議員邀到凡爾賽宮，像個戴高樂和路易十四的合體那樣對他們講話。但他真正肖似的人是祖克柏。他在積聚個人權威的同時大談共同體。在缺乏傳統政黨結構的情況下，他奮力找一個方法去連接兩者。

在柯賓的領導下，英國工黨也變得非常擅長於利用臉書和其他社交網絡傳播它的信息。很多這些傳播都是沒有政黨的直接涉入：黨同伐異的新聞網站非常努力地模糊掉報導、誘騙點擊（clickbait）和鼓吹之間的界線。與此同時，黨本身是一個直接民主和個人崇拜的不自在混合體。黨員被認為應該當家作主，但領袖又被認為是不會犯錯。任何站在他們之間的人要倒楣了。

很多當代政治運動表現的不寬容性格（對持異議者毫不留情的打壓），常常被認為是網路助長的群體盲思（groupthink）所導致。不過，這也和任何運動在數位時代必須面對的基本結構問題脫不了關係。在取代政黨成為現代政治的組織工具之後，它已經不剩下什麼去打破自己的回音室。那本來是政黨的工作。

政治科學家和歷史學家里拉（Mark Lilla）最近形容政黨是「透過妥協獲得共識的機器」。⑪就像很多其他人一樣，里拉把政黨今日所處的困境歸咎於身分政治（identity politics）。政治經驗的純粹性越來越被看成比政治過程的結果更加重要。但同樣為真的是，當更多看似純正的集體經驗是網上可得時，我們變得越來越厭倦機器政治（machine politics）的虛假性。我們想要貨真價實的東西，忘記了所有版本的真實都是由機器中介。

與政治運動不同，政黨從沒有想過要民主。它們是把代議民主制攏合在一起的膠水。不清楚的是，沒有了政黨，民主是不是能夠運作。我們剩下的只是一些位元（bits）：網絡、領袖、群眾、選舉、身分認同、暴民。試試看能不能夠從它們建立起一些什麼。

社交網絡讓代議民主制看來像假貨。存在於網上的各種假版本看起來更真實。以目前來說，我們摧毀了一些東西卻不知道要用什麼來取代它們。唯一的替代品是我們之前有過的東西之空洞版本。機器輸了。機器贏了。

網路革命的民主承諾發生了什麼事？數位科技一度看似可以改變遊戲規則。即便它無法把民主的圓圈閉合，它至少應該可以提供一些新方法讓政治人物對自己的行為負責。現代國家總是監視它的公民。如今，終於有了一種科技看來可以讓公民有機會反過來監視。這不必需是完全透明。它可以只是一種扭轉局面的方法。民主應該是受益者。

霍布斯的利維坦觀念的靈感部分來自希臘神話中的阿耳戈斯（Argus Panoptes）——永不睡覺的百眼怪獸。霍布斯希望他的國家的後腦勺長眼睛。否則就不會有真正安全可言，因為政治動亂可以發生在最意料不到的地方。邊沁為同一個觀念創造出一個不同的版本。他設計了一座圓形監獄（Panopticon），讓典獄長可以全時間監視囚犯。

吹哨者史諾登（Edward Snowden）把美國國安局的大規模監聽活動公諸於世，並暱稱為「圓形監獄」。當初邊沁設計這種監獄的目的，是要確保監獄不會提供囚犯可以密謀的機會。典獄長雖然不可能聽到囚犯所說的一切，但邊沁希望可以確保他總是看見誰和誰攪和在一起。國安局為自己監聽活動的辯護理由是，它只關心個人通訊的大數據，不會竊聽私人談話。它只是記錄下誰和誰有所接觸。史諾登取的暱稱完全準確。

代議民主制一直是個監視的遊戲。我們監視他們，以確保他們不會用我們給的權力圖一己私利。他們也監視我們，以確保我們不會用他們給的自由圖一己私利。在現代民主的大部分歷史中，政治人物在這種關係中都處於上風。他們可以要求精密的國家機制進行監視工作。他們總是有領先一步的新科技可以使用：我們有電話，他們有電話竊聽器；我們有電視，他們有閉路監視系統；我們是從外面往裡面看，他們是從裡面往外面看。然後數位革命出現了。

隨著網路時代的黎明，優勢在在看似決定性地轉向公民。網絡科技讓資訊超出任何人的控制能力之外。它變得自由和沒有侷限性。利維坦發現自己被暴露了。我們可以細細檢視它，發現它的各種祕密。與此同時，各個公民可以在浩瀚的網路空間中隱藏自己的祕密。

到了二十世紀之末，在任何革命都會帶來的暈陶陶幸福感中，網路看似宣示了民主勝利的下一步。獨裁政權將會垮台。政治謊言將會被拆穿。資訊將會從它們原來囤積的地方流到需要它們的地方。人們將會發現他們支持的政治人物的真面目。他們比我們藏有更多祕密，所以也比我們有更多可以損失。

我們最終會在監視遊戲中轉而佔上風。

我們錯了。我們錯在忘記了他們比我們有更強動機要隱藏他們的祕密。如果我們缺乏把新資訊找出來的欲望，那有再多可得的新資訊也沒有作用。我們有發現更多新資訊的動機：知識就是力量。但我們缺乏動力，因為獲取知識仍然是一件花力氣的工作。避免做花力氣的工作正是代議民主制的一部分存在意義。

我們缺乏的另一珍貴資源是時間。政治學家西蒙（Herbert Simon）在一代人之前便指出過，當資訊非常豐盈的時候，注意力就會變成一種稀有資源。結果就是，利維坦仍然佔有優勢。它不會心有旁騖，我們卻會。

網路讓每個人都有機會得知本來被隱藏著的知識。國家比任何個別公民擁有更好裝備，可以從挖掘這些知識得利。它可以雇用僕人，全職地做這種工作。只有最不尋常的個人會把精力和時間花在查探國家正在搞些什麼。我們傾向於把這些人視為怪胎，有時候會給他們貼上陰謀論者的標籤。然而，最頑強的陰謀論者卻是在政府裡面工作和刺探我們的人。

美國和英國之類的民主國家都成了大數據的囤積者。這些國家的民主過程尋求把這些活動置於監視之下，但那完全沒有解決不協調激勵措施（misaligned incentives）的難題。它只是把問題複製一遍。我們沒有看見他們監視我們。我們只能希望非民選的公務員會為我們監視他們，哪怕他們常常顯得不太夠資格做這工作。當監視變成一件非常需要苦幹的工作時，代議民主制對「監視者要由誰來監視」的問題並沒有一個好答案。

網路監視的問題迄今未能成為一個有影響力的選舉議題。在二〇一六年設法提出這個問題的民主黨總統候選人保羅（Rand Paul）被川普像趕蒼蠅般輕易撥到一邊。川普在一個早期候選人辯論會回應保羅說：「這些人想要殺死我們，而你竟然反對我們滲透他們的談話？我不以為然！我不以為然！」⑫只要監視遊戲可以被化約為尋找恐怖份子，你就很難反對。正如俗語云：不做虧心事，不怕半夜鬼敲門。自從利維坦被發明以來，政治的邏輯改變得很少。與較早期的預期相反，網路是加強了而不是動搖了這種邏輯。

數位科技也強化而非動搖了很多非民主政權對權力的掌控。極權主義者可以非常有效地利用它們。數位科技不只不是自由鬥士手上的決定性武器，反而變成了追蹤他們的基本工具。在衣索匹亞和委內瑞拉之類的國家，很多反對群體都發現，極權主義政府滲透他們的活動要遠比他們滲透政府的活動容易。再一次，這是一個跟時間和人力資源有關的問題。就連腐敗和無效率的政府通常都比它們的反對者擁有更多時間和人力資源。就此而言，網路並沒有被證明為一種打破獨裁的機器。它被轉化成為掌權者的另一件有用工具。

真正改變的是我們對於自己何時被監視的基本理解。我們已經開始把他們監視我們誤當成是我們監視他們。這不是一個老大哥的世界，不是一個把你瞪著看的電視轉化為一部瞪著你看的機器的天大謊言。在那種情況下，欺騙是那麼明目張膽，以致幾乎不算一種欺騙。在歐威爾式夢魘中，隱藏是徒勞的，因為一切都是在審視之下，根本無處可藏。網路監視則是讓隱藏變成多餘，因為你極難把它和追求真正的知識區分開來。我們會露出馬腳不是因為我們消極被動，而是因為我們好奇。

每當我們上網挖掘新的資訊，就會把有關我們的更多資訊拱手給了各式各樣的利害關係人。起初，這種事是以我們作為消費者的身分發生在我們身上。我們的搜尋記錄提供了供應商資訊，讓他們可以把他們的產品鎖定我們。當我們搜尋最廉價的機票時，我們真正在做的是讓航空公司能夠根據我們過去的行為定出一個我們也許願意支付的價格。搜尋就是被搜尋。追求作為個別消費者的競爭優勢，就是把自己的底洩出去。

這現象有一個政治等值體。網上可得的龐大資訊量讓選民更容易自訂新聞來源。我們很容易想像這就是行動中的民主。但萬一我們對某些種類新聞的雅好告訴了別人我們偏好些什麼時，怎麼辦？我們想要讓自己得到詳實資訊的願望，變成了別人追蹤我們的方法。它讓量身訂造新聞成為可能，以確保我們永遠不會發現任何新東西。

害怕「假新聞」的擴散反映出這種增加中的焦慮：要怎麼知道我們對資訊的搜尋不會變成別人進一步擺佈我們的機會？一種世故的政治新聞操作可以確保選舉成為價格固定（price-fixing）的一種版本：我們只會看到他們知道我們願意看的東西。川普的當選和英國的脫歐公投都伴有這一類嚇人的故事。一間叫劍橋分析（Cambridge Analytica）的神祕公司得到川普重要支持者提供資金，專門按照選民的網上身分，為他們提供資訊。很難知道這種做法有沒有對選舉結果構成任何影響。不過，川普非常小的勝選幅度意味著也許有差。

與此同時，以密集的數據收割（data harvesting）為基礎，克里姆林宮重新恢復了它用假資訊來轟炸西方選民的興趣。推特上一些假裝投入民主辯論的聊天機器人，事實上都是被設定成為讓辯論變成不可能，方法是把所有政治爭論轉化為謾罵。非常拙於模仿人類智慧的聊天機器人仍然非常擅於模仿憤怒的選民。它們需要做的只是製造一堆噪音。

這些情形毫無疑問為民主帶來一些嚴重的風險。但就目前而言，它們也許受到了過分渲染。對選民的微型操縱（micromanipulation）幾乎肯定比看上去困難——「劍橋分析」販賣的很多都只是熱空氣。我們有一種誇大壞人做複雜壞事本領的傾向。要擺佈一場選舉總是困難的工作。書呆子傾向於擔心〇〇七電影的壞蛋會控制世界，但極少〇〇七電影的壞蛋是書呆子。

很多假新聞的例子都和暗算民主的陰謀無多大關係。它們不過是投機主義——一種網路上供應豐富的東西。好些在二〇一六年美國總統選舉時在臉書流傳最廣的假新聞，被查到是馬其頓一些少年駭客的傑作（最熱門的一條新聞是「教宗為川普背書！」）。他們沒有拿克里姆林宮的錢。他們只是發現了一種賺快錢的方法：引導網上車流經過他們製造的政治車禍。

用假新聞賺錢的機會產生自網路的生意模式，即行銷。監視遊戲被轉化成為一場爭取我們注意力的競爭。只要廣告主追得上我們，我們的注意力是被什麼吸住並不重要。假裝是新聞可做到這一點。真的新聞（只要夠有趣）一樣是如此。川普對於《紐約時報》、CNN和馬其頓的駭客來說是寶，因為他讓人們保持閱讀和觀看。如果這只是有關操弄，它將會更容易被察覺。但因為它是有關注意力的爭取，主動投入和被動接收的界線遂變得模糊。

普丁也許是個邪惡天才，但看起來他更有可能只是另一個投機主義者。川普也是如此。臉書（由祖克柏開始）曾經對於它的科技竟然能夠被用來傳播假新聞表示驚訝。該系統的設計者和我們其餘人一起偶然發現了他偶然發現到它的缺陷。當祖克柏表示他想要讓操弄停止的時候，有各種理由令人相信他是言出由衷。他沒有想過這樣的事會發生。但這就是問題所在：沒有人想過這樣的事會發生。那只是行銷生意的副作用。

對數位時代來說，主宰現代民主概念的觀眾和表演者的視覺意象太過人化（humanistic）了。這些數據收割系統都只是機器，而機器不會用人的方式觀察世界：它們只會吸入資訊。我們作為個人的身分對它們沒有什麼意義，因為它們並沒有把我們視為個人：我們只是湊巧出現在螢幕上的單位。人才會監視人，機器對人只會進行數據處理。民主面對的威脅不是操弄，而是沒有腦（mindlessness）。

儘管如此，代議民主制被化約為一種行銷的形式真有那麼大不了嗎？很多作家早已經懷疑它一直以來都是如此。經濟學家熊彼得（Joseph Schumpeter）在一九四二年把民主定義為兩支銷售團隊爭取選民購買他們產品的競爭。⑬這和購買洗衣粉無太大差別。當我們用膩了一種品牌，大可以換另一種品牌。

一九六九年，麥金尼斯（Joe McGinnis）出版了《一九六八年銷售總統》（*The Selling of The President 1968*）一書，講述麥迪遜大道是如何重新包裝尼克森，讓他變得很對美國選民的胃口。⑭有些當時的讀者聲稱對於這種民主過程被操弄的情形感到震驚，但今日很少人會震驚。在二十世紀的下半葉，民主作為戲劇表演的觀念被民主作為行銷的觀念取代。首先是廣播，然後是電視改變了比喻的形式。基底的觀念並沒有改變太多。他們生產政治，我們消費它。

選舉是哪種產品能賣的最終測試，大量金錢被花在幫助政治人物在市場上佔有一席之地。「劍橋分析」之類的公司所做的事情有什麼不同嗎？某個意義下沒有不同：它只是為豬打扮的永無盡頭競賽的最新版本。不過在另一個意義下，有些事情已經根本地改變了。二十世紀的政治行銷追隨一種鮮明的節奏，目的是在選舉時敲定買賣。他們會來敲我們的門，而我們有時會讓他們進來。但更多時候我們會把他們攆走。我們更不會邀請他們在我們家裡開店。

二十一世紀的行銷是遵從另外一套準則。敲定買賣變得沒有讓門永遠半開著那麼重要。對我們注意力的競爭，意味著基本目的是讓我們掛在媒體上。網上行銷是義無反顧的。它追隨我們到處去，目的是讓我們處於恆久的警覺狀態。

川普是這個版本民主的模範政治人物。雖然他開口閉口都談到敲定買賣的重要性，但那並不是他做生意的主要模式。他是個注意力追求者。政治人物照理說完成銷售後就會做另一套，但勝選後的川普的言行卻和他打選戰時沒兩樣。正如神經科學家伯頓（Robert Burton）在《紐約時報》半開玩笑所說的：「川普代表一個黑盒子，第一代的人工智能總統，由自我選擇的數據和強烈波動的成功觀念驅動。」⑮他是那種你也許會在通用智能（general purpose intelligence）開始運作前會得到的機器人。

二十一世紀的行銷瞄準我們的認知偏見，和它們攜手合作以確保我們留在當下。人類有著以下這些內建傾向：重視即時滿足多於未來利益；想要留住原來擁有的東西；追求強化自己的信念；高估別人有多麼注意我們；低估我們的未來自我也許會多麼不同於現在的自我。社交網絡設立來滿足這些衝動，它們被設計成讓人上癮。我們老是查看手機想知道有什麼新事物，只要是我們樂於其為真的新事物都會讓我們高興。

代議民主制的目的原是對抗我們的認知偏見。它給即時滿足設立障礙，減慢做出決定的過程。它留餘地給「購買者的悔恨」（buyer's remorse）❶。美利堅共和國的創立者竭盡所能，確保人民的政治衝動會得到被設計來糾正他們偏見的機構之過濾。這就是為什麼代議民主制會那麼讓人挫折。它極少讓人心滿意足。這不是它的原意。

「購買者的悔恨」在網上交易的世界相對不常見，因為那裡沒有時間讓這事發生。一個購買行為會緊接著另一個購買行為，那是以我們已經購買的東西為基礎來鎖定我們。我們老是購買相同的東西，因為我們逃避不了那根據我們的既有偏好而發給

❶譯註：指購物後又後悔的情緒。

我們的信息。這種形態的民主政治是自招失敗而不是自我矯正。老虎最終會追著自己的尾巴跑。作為一幅民主失靈的圖像，它在歷史上並沒有先例。民主選擇的體量增加了，白忙一場的時候也是如此。

那種古代世界實行的直接民主也是設計來矯正我們的偏見。這會不會就是解決我們集體分心問題的一個方法？從亞里斯多德開始，哲學家都主張避免個人判斷錯誤的最好方法是把我們的意見集合起來，讓佔多數的意見作主。如果我們的偏見會彼此抵銷的話，那集體決策會比任何個人選擇更精明。這就是群眾的智慧。

網絡時代讓人們對這個觀念的興趣大大復興。數位科技現在讓意見可以大規模集中起來。我們集體評價產品、預測未來、解決難題和編一部百科全書，都要勝過我們任何一個人單獨做這事情。網路也大大降低了進入門檻。要參加群體決策，再也不需要聚集到一個廣場。我們可以在各種不同種類的地方進行一點點聯合決策，有需要的只是這裡點擊一下，那裡搜尋一下。為什麼我們不在政治裡利用這些好處呢？

答案把我們帶回到古代雅典。直接民主是一種非常難以管理的政治形式。它只有在細心控制的環境下才會成功。它需要各種箝制衝動行為的裝置，包括在必要時有對付暴力威脅的準備。它還需要花很多力氣苦幹。

我們現在居住的網絡化世界（它由新興大企業的利益形塑，由我們的網路上癮助長，充滿衝動行為）並不符合直接民主的要求。我們沒有恢復對政治苦幹或政治暴力的口味。真的沒有恢復的必要，因為我們有更容易的方法可以得到滿足。

但民主還沒有死去。利維坦仍然保留著生命。恢復對機器世界的掌控仍然是有可能的。

要怎麼做？有人必須花力氣苦幹，重新捕捉住數位科技對民主政治的力量。這種事不會自行發生。一個也許會讓它發生的途徑是民選的代表用他們的權威支持直接民主的實驗。我們無法把古代雅典重新創造出來，但我們可以設法讓民主比目前更有反應。

這種事已經在一些地方展開。在冰島，二〇〇八年的金融危機之後，選民被給予機會眾包（crowd-source）一部新的憲法，而在雷克雅維克，市民可以透過網上投票控制市政府的預算。類似的事也在舊金山上演：參與式預算（participatory budgeting）在好些社區嘗試實施。在斯德哥爾摩，網上投票被用於幫助事先決定政治人物的議題。西班牙、澳洲和阿根廷全都有網路政黨，它們的成員利用數位工具決定黨的政策。在義大利，格里羅（Beppe Grillo）的「五星運動」眾包了它的許多政策。世界各地的「海盜」政黨也是如此。

與此同時，數位科技可以透過為技術複雜的議題找到最優解決辦法造福民主。這不需要直接諮詢選民。相反的，政治人物可以利用機器學習為他們的選項提供一個預先測試的方法，從而讓他們的工作更輕鬆。就目前來說，大部分政策解決方案都只是民選官員認為也許行得通的一張願望清單，選民是否會支持它們猶待測試。新科技有潛力在選民置可否前進行這種測試，大大提高他們對最後提供給他們的方案表示贊成的機率。

這種參與政治的方式遠遠不是自動自發。任何數位擴大的民主形式仍然需要非常賣力苦幹。網絡不會自行復興民主政治。它必須透過我們既有的政治系統推動。只有政治可以拯救政治。

不幸的是，我們的政治系統堵塞這些倡議的程度不亞於鼓勵它們的程度。我們的政治依舊是部落性格。對任何的潛在解決方案，都一定會有一群人準備好嘲笑，有另一群人準備好鼓勵。即便數位科技設法把我們從部落主義拯救出來，它還是傾向於擴大部落主義。

以舊金山、雷克雅維克和斯德哥爾摩這幾個正在實驗直接民主的地方為例。網路民主適合都市環境，因為那裡是科技精明的公民聚集的地方。如果它在舊金山行得通，那為什麼不把它的規模擴大到全國各地？因為如果它在舊金山行得通，美國其他地方有很大一部分將不會願意碰它。德州的政治目前是由一種不想成為加州的強烈欲望界定。正是加州對於什麼行得通的定義讓很多德州人為之疏遠。

二十一世紀西方民主的其中一個最大分裂是由教育造成。一個人是不是上過大學，比年齡、階級和性別等因素更能決定他的投票意向。這在川普的競選、脫歐公投和馬克宏的競選都是這樣。受過高等教育的人自成一個部落。他們會黏在一起。他們也許會告訴自己，他們會那樣投票，是因為他們對世界是怎樣運作有更佳瞭解。但這正是他們讓另一邊的人那麼疏遠他們的原因：他們看來把他們的部落主義誤當成優人一等的智慧。

這是期望科技可以擴大代議民主制碰到的根本問題。政治人物不像醫生或其他專業人士。我們期望於他們的不只是引導和幫助。我們還期望他們可以反映我們是誰。優人一等的知識會對此構成妨礙。

在上世紀頭十年一次造訪美國期間，韋伯問一群美國工人，他們為什麼老投票給同一批不勝任和讓人失望的政治人物。他得到的回答是：「我們對這些『專業人士』——這些官員——吐口水。我們鄙視他們。但如果換成職位都是由一個受過訓練和夠資格的階級出任，就像你的國家那樣，那將變成官員向我們吐口水。」⑯這種感受今日仍然活躍於代議民主制。

數位革命對於民主政治有過許多應許，但這些應許很少實現。不過它的轉化潛力仍然幾乎是沒有底的。所以接下來我們必須面對最困難的一個問題。萬一對更好政治構成妨礙的是民主本身，那怎麼辦？

第四章

更好的體制？

Something better?

當代代議民主制疲倦、記仇、有被迫害妄想、自欺、笨重和常常不起作用。很多時候，它都是靠過去的光榮而活。這種可憐的狀態反映出我們發生了的變化。但當前的民主並不是我們真正的樣子。它只是一個政府系統，是我們所建造，也因此是我們可以汰換。所以，為什麼我們不用更好的體制取代它？

我們到現在還沒這樣做當然有理由。民主在過去帶給我們很多好處，如果我們當初太快丟棄它，現在的情況可能差得多。但抓住它太久可能會造成不亞於太早放棄它所造成的傷害，甚至有可能會造成更大的傷害。

事實上，我剛剛的說法還算客氣的。有一些更不堪的評估業已出現。英國哲學家蘭德（Nick Land）相信，民主很快就會是文明的死亡。他帶著強烈不屑寫道：「民主政客和選民現在被一個互饋的刺激迴路綁在一起，彼此刺激對方走向更加無恥的極端，直到大吼大叫只剩下被吃掉的替代選項為止。」1因為民主已經放棄對抗我們的認知偏見，它完全無法馴服那最終將會吞噬我們所有人的瘋狂消費主義。這是真正的殭屍政治（zombie politics）：

> 所以，民主——它在理論上和明顯歷史事實上兩方面都把時間偏好（time-preference）強調到了抽搐的瘋狂進食狀態（feeding-frency）——比任何東西都近

於一個對文明的精確否定，只差社會沒有即時淪為野蠻主義或殭屍般的世界末日（它最終還是會導致此）。隨著民主病毒在社會擴散，前瞻思考、審慎、人類和工業投資等等艱苦累積的習慣和態度將會被一種貧瘠放縱的消費主義、金融失禁和「真人實境」的政治馬戲團取代。明天也許是屬於另一個團隊，所以倒不如現在把一切吃光。②

所以別管有什麼體制也許是更好體制的問題了，因為很難想像還有比民主更差的光景。

那麼，蘭德之類的作者建議什麼替代方案？這就是麻煩開始的地方。蘭德想要把民主政府轉變成一家大企業（稱為「政府企業」），有自己非民選的執行長。公民變成不外是顧客。「居民們（客戶們）不再需要對政治有任何興趣。事實上，在這方面流露出興趣反而是一種準罪犯的傾向。如果『政府企業』沒有為它的稅收作出讓人滿意的服務，他們就可以向它的客服部門投訴，甚至改到別處購物。政府公司將會專心於經營一個有效率、有吸引力、有生氣、乾淨和安全的國家——也就是一個能夠吸引顧客的國家。沒有聲音，自由離開。」蘭德相信，這是他稱之為「大教堂」的統治的唯一替代方案（「大教堂」是把所有民族國家推向世界政府的祕密組織）。

蘭德的很多想法（包括「大教堂」的觀念）都是來自電腦科學家亞金（Curtis Yarvin）。蘭德和亞金有時會被人形容為「新反動主義者」，但亞金表示他寧可被稱為「復辟主義者」或「詹姆斯黨人」（Jacobite）。[3]他是說真的。他樂於復興絕對君主制度，理由是現代政治自一六八八年之後便轉入了一個錯誤的方向。事實上，亞金拒絕「絕對君主」一詞，認為它帶有自由派的取笑意味。他偏好只稱之為「君主」，因為這可以表現出政府權力被集中在單一個生物學單位。亞金最喜歡的哲學家是霍布斯——但僅止於他的利維坦還沒有被民主控制住之前的霍布斯。

怎樣才能讓我們把這些觀念認真看成為替代選項？當代民主最極端的批評者提供的解決方案聽起來像是症候多於解藥。蘭德和亞金都是規模龐大的陰謀論者。他們對他們不喜歡的東西的鄙夷要遠大於他們提得出一個有說服力替代方案的能力。他們喚起的政治世界是一幅漫畫，裡頭住滿匪夷所思的英雄和壞蛋，讓人無法相信。同樣情形見於很多放棄民主的人。他們對民主的怨恨讓他們無法想像它會變成別的東西。他們一心只想盡快去到下一階段。

亞馬遜的軟體工程師皮耶耳賈科米（Alessio Piergiacomi）曾經談到民主即將來臨的報廢。「年復一年，普通人越來越愚蠢，政客越來越會騙人……另一方面，電腦每一年都變得更聰明……最終，更明智的做法是讓它們作決策和管治我們。」[4]作為回應，另一個工程師寫道：「我們業已有一大數目的人遠比我們的政治人物適合管理一個國家。那些正在管理國家的人之所以有權做這事，是因為他們擅長玩政治的骯髒遊戲。一旦我們創造出一個能夠玩政治遊戲的機器人，並因此當選，我們就會得到一個就像當前政治人物一樣不勝任管理國家的機器人。」⑤要和這種犬儒主義競爭很困難。想要知道有什麼會繼民主之後來到也很困難。

缺乏有可信性替代方案一直是讓民主被保留下來的力量之一。當代對民主政治的廣泛厭惡並沒有讓人們對於有什麼體制會比民主更好達成共識。大部分替代方案看起來只有更糟。民粹主義靠這種不平衡餵養：不喜歡民主但又沒有東西可取代它，成了很多陰謀論的燃料。這種情形讓人們更容易被說服，相信他們正在受到矇騙。

邱吉爾有關民主的著名談話，反映出它作為一種害處較少的政治體制的持久地位：

> 很多種政府形式都在這個罪與災殃的世界被人試用過和將會試用。沒有人假裝民主是完美或滿有智慧。事實上，一直有人說，民主是最壞的政府形式——不計其他所有不斷地被試驗過的政府形式的話。⑥

這番話在二十一世紀也讓人厭煩地一再受到複述。儘管如此，脈絡事關重要。邱吉爾是在一九四七年說上述的話，當時，一個民主的可能替代方案——法西斯主義——才剛剛實驗過，並以全面失敗告終。另一個實驗——史達林主義——仍然在進行中。在第二次世界大戰的餘波中，民主國家知道採行別的政治體制具有真實可能性，而且極端冒險。民主的替代方案具體可觸。

七十年後的今日，情況變得不同了。大部分民主國家已經習慣了認為沒有民主以外的其他選項。那些試著進行極端實驗的地方常常顯得微不足道或非常遙遠。發生在斯德哥爾摩郊區的事情並沒有抓住華盛頓居民的想像力。邱吉爾所警告的誘惑在他發出警告的當時很難更為近切，但我們現在更有可能是錯過有現實可能性的替代方案，因為我們已經習慣了認為它們行不通。這是民主中年的另一個功能。不管是好是壞，比較年輕階段的民主有一種未來是開放的感覺。這種感覺會在成熟的民主中喪失。它已經因循化了。

認為沒有替代方案和相信只有更差的替代方案，兩者並無太大分別。這些心靈狀態是並行的，就是它們創造出中年危機。但它們之間應該有大量空間，讓我們可以考慮有現實可行性的替代方案是不是可能存在。困難在於找到它。一個著手方法是設法想通民主一開始為什麼吸引我們。這應該是療法的一部分。

現代民主的吸引力基本在兩方面。首先，它提供尊嚴。民主國家每個人民的意見都受到政治人物的認真看待。他們有機會表達自己，而且當別人設法讓他們閉嘴的時候，他們可以得到保護。民主會讓人受到尊敬。其次，民主會為人帶來長遠利益。住在民主國家的人比較容易享受到穩定、繁榮與和平。這三者的每一個都相當有吸引力。加在一起，它們是個讓人難以抗拒的組合。

無可避免地，尊嚴會比長遠利益更早得到。在選舉中有自由投票權的吸引力是直接的。這就是為什麼在那些民主才剛起步和其他利益尚未明顯的國家，選舉時投票站常常會大排長龍。帶來結果需要時間。同樣為真的是，民主的尊嚴傾向於依附在個人，而長遠利益的分布要較為擴散。

生活在民主中就是得到若干保證，你會作為人而被尊敬，因為每一張選票都會被計算。這些保證有些只是寫在紙上，是必須去爭取（如果你是屬於少數族群的話尤其如此）。但你的個人財富卻沒有保證會得到改善。事實上，很多個人都感覺他們被排除在民主的物質利益之外。民主國家帶來的結果很少是歸於個人。它們通常是以公共福祉的形式出現。要讓它們平等分配也是一件需要爭取的事。

民主生活的反諷之一，在於選舉（它是民主的一大吸引力）並不反映它最有吸引力的部分。爭取選票的政治人物會大談他們的政策可帶來什麼物質利益，與此同時，他們會訴諸集體尊嚴的觀念。所以在某種方式下，吸引力的理由會顛倒過來：候選人說：如果你投票給我，你的個人生活就會有所改善，而且你所屬的群體將會更受尊重。這就是民主會讓人感到挫折的地方。它的真正吸引力是一種背景條件，只是讓政治人物在其上塗上膚淺許多的吸引力。

這個落差——向作為個人的你的應許，和向作為整體的社會的提供之落差——為替代方案提供了大量空間。有些這些替代方案是意識形態性質，曾經在二十世紀試行失敗過。馬克思主義－列寧主義承諾，個人的善和社會的善的界線將會崩潰。列寧在《國家與革命》（*The State and Revolution*）中力主，真正的社會主義將會讓個人生活和政治生活成為可以互相轉換。那樣的話將不再需要警察或者官僚體系，因為人們將監督和管理自己。列寧稱此為真正的民主，是唯一可以讓圓圈閉合的辦法。他在一九一七年布爾什維克革命不多久前發表這些觀念。後來的政治發展並未讓它們落實。列寧主義變成了史達林主義，而史達林主義在二次大戰之後又變成死氣沉沉和壓迫性的蘇維埃政權。長遠來說，代議民主制不管有多少缺點，都更勝一籌。

然而，民主的替代方案不必然是意識形態性質。二十一世紀的極權主義比它的前人講究實際。它的實行者知道沒有人（特別是由意識形態驅動的政治人物）可以把圓圈閉合。就像每個人一樣，當代的極權主義者設法從二十世紀吸取教訓。他們提供民主的另一半，但不是全部。作為個人尊嚴和集體利益的替代品，他們承諾提供個人利益和集體尊嚴。這基本上就是中國共產黨目前所致力的。

集體尊嚴以民族自信的形式出現：讓中國再次偉大！個人利益得到國家保證，而國家盡所能確保個人利益會廣泛分布。近幾十年來，不民主的中國在減少貧窮和提高平均壽命兩件事情上都勝過民主的印度。迅速經濟成長帶來的即時利益，對很多中國公民來說都具體可觸。共產政權明白，它的存續有賴這種情形持續下去。

這要付出一個代價。中國人不像印度人那樣，有自我表達的機會。在一個言論自由受到壓制和容許權力任意發揮的社會，個人難望獲得政治尊嚴。一個中國人比一個印度人較不容易嚐到絕對貧窮的滋味（包括營養不良、不識字和早死），但較有可能會被不受監督的國家官員荼毒。集體政治尊嚴——民族主義——被提供來作為補償。這只會對屬於多數民族的個人起作用。它在西藏不會有幫助。

與此同時，依賴持續不斷的高速經濟成長需要冒相當大的風險。現代民主國家的一大強項是事情出差錯時有能力改變軌道。它們是有彈性的。務實極權主義替代方案的風險在於，當短期利益開始枯竭，就很難為政治合法性找到另一個基礎。務實主義也許並不足夠。中國共產政權還沒有走到這地步，所以我們不知道到達這地步時會發生什麼事。如果它無法調適，這種政治形式的短處就會壓過它的利益。

務實的二十一世紀極權主義代表著當代民主的一個真正替代方案。它提供了一種不同種類的交換。我們偏好何者：個人尊嚴還是集體尊嚴？短期獎賞還是長期利益？這些都是嚴肅的問題。另一方面，現代民主當前的運作方式又讓人難以說得準是不是有任何人對它們嚴肅以待。川普顯示出原因何在。

川普在二〇一六年的競選辭令是直接出自務實極權主義的手冊。他承諾要為美國人（至少是為白人）帶來集體尊嚴：讓美國再次偉大！別再讓別人把我們耍得團團轉！與此同時，他承諾提供短期物質利益：他會把工作帶回來！他會讓經濟成長率翻兩番！他會保護每個人的經濟利益！這一切讓他聽起來像一個典型的二十一世紀極權主義者。但那也讓他聽起來像一個典型的民主政客。他是在作出他做不到的承諾。

很難相信川普的支持者真的是擁抱中國的替代方案而鄙棄美國的民主。川普就職後的行為已證明了他很多競選承諾是說謊。他的務實主義看來是即興創作性質多於極權主義性質。就我們所知，中國政治菁英對他的崛起混雜著焦慮和鄙視情緒。川普模糊了民主和替代方案之間的界線。就像他的很多其他事情一樣，他的當選沒有對任何事情起澄清作用。

所以讓我們暫時把川普擺一邊，回到那個更大的問題。如果務實極權主義為現代民主提供了一個真正的替代方案，那麼我們什麼時候選擇它才合理？這個問題的答案繫於你身在何處。對較年輕的民主國家來說，特別是那些得到了民主尊嚴卻還沒有得到具體物質利益的國家來說，務實極權主義可以非常有吸引力。對那些民主完全沒有起步的國家來說也是如此。我們看到在今日世界很多地方，中國的政府模式正在贏得信徒。這種事發生在亞洲和非洲，甚至發生在歐洲的邊緣。中國對這些地方的投資固然是一種助力，但不是整個故事的全部。迅速的經濟發展和建立民族自信，顯然對那些需要在相對短時間做出成績來的國家有吸引力。在這些地方，民主常常看來是風險更高的賭局。

務實極權主義對於面對緊急環境挑戰的社會同樣有著強烈吸引力。過去十年來中國取得的最大國際成功，大概就是有說服力地顯示，它能夠對氣候變遷採取決定性行動。這些行動有一些是建基於大膽和有想像力的姿勢：在一年內（二〇一六年）把太陽能發電能力倍增或把所有北京的計程車改為電動車。這些政策讓後毛澤東時代的霧霾獲得大大改善。

務實和環保的極權主義讓民主在相對之下顯得笨重累贅和猶豫不決。民主擅長於把它的選項保持開放，但有時這意味漫長等待，甚至拖延至為時已晚。當氾濫或空氣污染已經成為緊急威脅時，務實極權主義可以把即時結果的優先性放在長期利益之上。它不太需要擔心不尊重異議者意見的問題。

但這不足以在成熟民主中起決定性作用。在那裡，交換是以另一種方式進行。人類傾向於「厭惡損失」（loss aversion）：不管得到的補償有多大，我們不喜歡放棄被我們認為是基於權利而擁有的東西。非常難以想像，西方民主國家的公民會默然同意失去隨著可以叫王八蛋滾蛋而來的個人尊嚴，哪怕那表示要付出集體的物質代價。我們看見過這方面的大量證據。經濟成長在很多西歐國家已經停滯了超過十年。在美國，很多美國人的薪水已經超過四十年近乎沒有真正成長。結果就是，選民在選舉期間會被承諾改變這種狀態的候選人所吸引。但他們卻不會為任何威脅要拿走他們民主權利的人背書。極權主義的反射動作僅限於威脅拿走他者（不歸屬的人）的民主權利。

這不是民主的替代選項。它只是對民主的民粹主義扭曲。像匈牙利領袖奧班（Viktor Orban）之類的民主極權主義者——他形容自己是個「非自由派民主黨人」——是從普丁而不是從中國共產黨得到靈感。在匈牙利和俄羅斯之類國家，務實主義要遠瞠乎尋找替代羊（scapegoating）和巧妙的陰謀論之後。所以，它們雖然仍然舉行選舉，卻已幾乎完全不是民主國家——有些政治科學家偏好用「競爭性極權主義」來形容正在發生的事。⑦人們只擁有空洞的選擇權。那是一種對民主的諧仿，而不是對民主的取代。

中國政治幾乎無法對尋找替罪羊的做法和陰謀論免疫。它的領導人被形塑為強人。但作為民主一個可存活的替代方案，北京卻有一些莫斯科和布達佩斯只能擺擺姿勢（一如川普只是擺擺姿勢）的東西可以提供：為大多數人帶來實際結果。中國政治系統把自己投射為菁英領導體制。它的領導人透過一系列複雜的內部測試崛起，被看重的是能力而不是魅力。但西方很多人仍然不相信。用牛津大學歷史學家阿什（Timothy Garton Ash）的話來說，中國的政治系統仍然充滿黨派主義、侍從主義、恩庇和腐敗。⑧但就連阿什都承認，中國出現了「重要的政治改革和變化……它不是蘇聯的一個版本。」漢學家貝爾（Daniel A. Bell）稱中國的系統為「民主在底部，實驗在中間，菁英領導體制在頂部。」⑨即使我們有好理由懷疑這個描述的第一和第三部分，第二部分對西方觀察者來說仍然有吸引力。中國人不是至少搞了些新鮮事情嗎？

然而，雖然成熟的民主國家也許會和務實的極權主義調情，它們不可能會擁抱它。風險管理考慮讓它們寧可修補既有的東西而非寧可賭一把，押注在不同的東西。當然，環境也許會發生改變。極端的經濟損失或其他災難（例如環境災難）有可能會根本改變交換的條件。並不是不能想像一個成熟的民主國家會選擇支持這個替代方案。但我們還沒有走到這一步——還遠得很。當代希臘的例子把這一點顯示得很清楚。一場一九三〇年代規模的經濟崩潰，並沒有能說服希臘人放棄他們得自自由表達的尊嚴和在尋找出路中保持彈性的能力。對已經在民主裡生活了好一陣子的人來說，這仍然是一個極端有吸引力的組合。

所以，邱吉爾只對了一半。目前，民主對我們很多人仍然是最不差的選項。但它不是對每個人來說都是如此。有一些已具有現實可行性的替代方案存在。二十一世紀有可能會看見民主和一個敵對的政治系統面對面，這個政治系統的吸引力因地而異，偶然會顯得可包含我們的政治的優點。它的誘惑是真實的，哪怕目前對大部分西方社會來說，它都不是一個有現實可行性的替代方案。民主已不再是唯一的遊戲。

另一方面，我們應該體認到我們選擇的那種交換的侷限性。代議民主制提供的那種尊重對二十一世紀公民來說也許會被證明並不足夠。民主對個人尊嚴的重視，傳統上是透過投票權的延伸來表達。給予人們投票權是讓他們知道他們被當一回事的最佳方法。但當幾乎所有成年人都獲得投票權之後，我們無可避免會想找到一些新方法來保障更大的尊重。身分政治（identity politics）的興起是一個指標，表示出參與選舉已經不足夠。個人在尋求一種隨著承認他們是誰而來的尊嚴。他們不只想要被傾聽，還想要**被聽見**。社交網絡提供了一個這些要求可以發聲的平台。民主政治人物正在掙扎著想要知道怎樣能滿足這些要求。

承認政治（politics of recognition）是民主吸引力的延伸，而不是對民主的否定。極權主義對此沒有答案，無論它有多麼務實：它只會導致政治領袖設法用他們聲音更大的要求淹沒我們對承認的要求。極權主義者說：你想要得到尊重嗎？那就先尊重我。但代議民主制或許也沒有答案。一旦對尊重的要求增加，它就會太機械化以致無法讓人信服。民選政治人物越來越在身分政治的雷區踮著腳尖走，不確定要往哪個方向轉，害怕會得罪人。如果這種情況持續下去，那麼讓民主得以維繫那麼久的吸引力將會開始磨損。尊重加上結果是一個讓人望而生畏的組合。光有一者而那沒有另一者也許並不足夠。

不過，這樣的思路會導致一種更極端的可能性：如果我們不能繼續得到個人尊重加上好的集體結果，那我們何不在兩者中選擇其一？那也許不是一個交換，而是一個直接的選擇。如果我們堅持每個聲音都要被計算，就不應該驚訝於政治會變成各說各話的一團亂。如果我們想要最好的結果，大概應該把政治輸入（political input）限囿於那些最知道怎樣達成它們的人。

二十一世紀的極權主義可以為民主提供一個部分的、務實的替代方案。另外還有一個更獨斷的替代方案，它的根源是在十九世紀。為什麼不乾脆丟棄隨著投票而來的尊嚴？放棄個人尊重吧，它不值得我們付出代價。改為尊重專家吧！

我們應該嘗試這個替代方案嗎？

這種政治觀的名字是「知識菁英治國」（epistocracy）。它是民主的直接對反，因為它主張參與政治決策的權利繫於你是否知道自己正在做什麼。民主的基本前提總是「你知不知道自己正在做什麼」並不重要，而你有發言權是因為你必須承擔你所做的事的後果。在古代雅典，這種原則反映在用抽籤方式選出官員。任何人都可以當官（這裡的「任何人」不包括女人、寄居者、窮光蛋、奴隸和兒童），因為任何人都是國家的一員。我們已不再隨機選出擔任重要公職的人，但我們仍然遵循讓任何公民投票而不查核他們勝不勝任的基本原則。

民主的批評者（由柏拉圖發端）主張，民主等於是讓無知者統治，或說等於是讓無知人民傾心的吹牛者統治。生活在英國劍橋（一個熱情支持留歐的城鎮和一間頂尖大學的所在地），我在脫歐投票後聽到這種主張的回聲。它通常都是用低聲說出，因為在一個民主社會想要當個主張「知識菁英治國」的人要很勇敢。非常聰慧的人半掩嘴巴喃喃對彼此說：如果你問了一個普通人不會明白的問題，就會得到這樣的結果。提出「拿回掌控權」口號幫助贏得公投的康明斯（Dominic Cummings）認為他的批評者並沒有太不好意思說這話。他們告訴他，脫歐之所以發生，是因為邪惡的人對愚蠢的人說謊。

說民主派想要被愚蠢和無知的人統治並不公道。沒有民主的捍衛者曾宣稱愚蠢或無知本身是一種美德。但是，民主確實不會以有沒有知識為判準作出歧視。它把睿智思考困難問題的能力視為次要。最重要的考量是個人會不會被牽連到結果之中。民主只要求選民應該為自己的錯誤吃苦頭。

「知識菁英治國」提出的質疑是：為什麼我們不以有沒有知識為判準作出歧視？讓每個人都參與政治有什麼特別嗎？它的背後是一個讓我們直覺上覺得有吸引力的想法：與其生活在我們的錯誤中，我們應該盡一切能力防止錯誤產生。這樣，誰必須負責的問題就不再重要。這個論證已經存在了兩千多年。大部分時間，它都被人非常認真看待。一直到十九世紀之末，人們的共識都是民主是個壞主意：把權力交在那些不知道自己做什麼的人手中真的是太冒險。當然，這只是個知識份子之間的共識。我們沒方法知道一般人是怎樣想。沒有人問過他們。

在二十世紀的發展過程中，知識份子的共識倒轉了過來。民主把自己確立為政治的預設值，它的優點被認為遠大於缺點。現在，在二十一世紀，有些當初的懷疑被恢復了過來。民主現在看來做了一些相當愚蠢的事情。大概沒有人能夠和他們犯的錯誤生活在一起。在一個川普和莫迪的時代，在一個氣候變遷和核武的時代，「知識菁英治國」的理想再次抬頭。

所以，為什麼我們不給予最知道怎樣做的人的意見更多份量？在回答這個問題之前，有必要先區分「知識菁英治國」和「技術專家治國」（technocracy）。兩者常常被混淆，但它們是不同的。「知識菁英治國」意味著由懂最多的人統治。「技術專家治國」是由技師和工程統治。一個技術專家就是一個知道機器怎樣運作的人。

例如，希臘民主在二〇一一年的懸擱就是一個「技術專家治國」的實驗，不是「知識菁英治國」的實驗。在這個個案中的工程師是經濟學家。就連最有資格的經濟學家也常常對什麼是最好的政策沒有頭緒。他們懂的是怎樣去運作一個他們曾經協助建造的複雜系統。技術專家懂得什麼對機器最好。但讓機器保持運作卻也許是我們能做的最糟的事。對於這個問題，技術專家將幫不上忙。

代議民主制和中國式務實極權主義都有大量空間可供「技術專家治國」揮灑。這兩種系統都越來越把決策交到受過特殊訓練的專家手中，在經濟問題方面特別是如此。中央銀行行長在全世界很多不同政體的國家中都握有重要權力。出於這個理由，「技術專家治國」並不真正是民主的替代方案。就像民粹主義那樣，它更多是一種附加部分。讓「知識菁英治國」不同的是它看重「對」的決定而不是技術正確的決定。它設法思考出我們應該往哪裡走。一個技術專家只能告訴我們，我們應該怎樣走到那裡。

「知識菁英治國」在實際上要怎樣運作？它的顯見困難是知道誰才算是知識菁

英。辨別出一個勝任的技術專家要容易得多。「技術專家治國」更像裝設水管多於思考哲學。希臘人尋找專家解決他們的金融混亂時，往高盛和其他大銀行找去，因為那是技術專家匯聚的地方。當一部機器運作失靈，負責修理的人往往是指印已經遍布它上面的人。

歷史上，有些「知識菁英治國」的鼓吹者解決誰是知識菁英問題的方法，是主張對政治的非技術性資歷。如果有人生大學這回事，「知識菁英治國」的鼓吹者就會希望知識菁英是從那裡獲得更高學位。但由於沒有那樣的大學，他們常常只能將就比較粗糙的能力測試。十九世紀哲學家彌爾（John Stuart Mill）主張，應該視乎人們是什麼工作，給予他們不同的投票張數。⑩專業人士和其他受過高等教育的人應該每人可投六票或以上，農夫和貿易商可投三或四票，技術勞工可投兩票，非技術勞工只有一票。彌爾也大力為婦女爭取投票權——一種當時很不流行的觀點。他這樣做不是因為認為女人可以和男人等量齊觀，而是認為有些女人（特別是受過較高教育的女人）比大多數男人優秀。彌爾喜歡歧視——只要這歧視是有正當理由。

在二十一世紀的眼中，彌爾的系統極不民主。為什麼一個律師應該比一個工人有更多投票張數？彌爾的回答也許是把這個問題倒過來：為什麼一個勞工應該和一個律師一樣投票張數？彌爾不是單純的民主派，但也不是「技術專家治國」鼓吹者。律師會得到更多投票張數，不是因為政治特別看重法律專業知識，而是因為律師比一般人擅長於思考沒有容易答案的問題。彌爾設法打造一個可以儘可能兼納不同觀點的代表系統。一個單單是由經濟學家或法律專家構成的政府會讓彌爾感到可怕。所以他仍然讓工人可以投一票，讓技術勞工可以投兩票。不過即便砌磚之類的工作是一種技術，它仍然是一種視野狹窄的技術。有需要的是視野寬闊。彌爾相信，有些觀點角度之所以更有份量，是因為它們更能照顧到問題的複雜性。

致力於復興「知識菁英治國」觀念的哲學家布倫南（Jason Brennan）從彌爾汲取靈感。在他二〇一六年的著作《反民主》（*Against Democracy*）中，主張很多政治問題都太過複雜，不是大部分選民所能理解。更糟的是，選民對於自己的無知缺乏自知之明。因為缺乏理解問題複雜性的能力，他們會偏好直覺中是對的簡化解決方法。布倫南寫道：

> 假定美國舉行一場公投，以決定是否允更多且大量的移民進入這個國家。要知道這是不是一個好主意，需要大量社會科學知識。一個人有需要知道移民可能會怎樣影響犯罪率、工資、移民福利、經濟成長、稅收、福利開支和諸如此類。大部分美國人缺乏這些知識。事實上，我們有證據可以證明，他們

對這些問題的看法存在著系統性錯誤。⑪

換言之，他們不只是不知道，甚至不只是不知道自己不知道。他們的最大錯誤在於他們不可動搖地相信自己正確。

不像彌爾，布倫南不相信一個人的工作可顯示他是不是勝任思考複雜的問題。有太多偶然因素和社會環境牽涉其中。他寧取一個實際的考試，以過濾掉非常無知或缺乏基本社會科學知識的公民。⑫當然，這種主張並沒有解決基本問題，而只是把基本問題向後推一個階段：考試由誰來設計？布倫南在一所大學任教，所以知道大部分社會科學家一樣有意識形態，不是完全價值中立。他也知道很多學生會到了考試才臨急抱佛腳，因此有著偏見與盲點。儘管如此，他仍然同意彌爾主張的，在教育階梯上爬得越高的人有權投越多票：例如高中畢業多五票，大學畢業再多五票，研究所畢業再多五票。

布倫南對於自己在繼彌爾的一百五十年後再鼓吹這一套能引起多大回響並不心存幻想。在十九世紀中葉，政治地位應該以社會地位和教育程度為依歸的觀念幾乎沒有異議，而在今日，它近乎是不可思議。布倫南還得面對一個事實：當代社會科學找到大量證據證明，受過教育的人一樣會陷入群體盲思（groupthink），有時甚至比一般人尤甚。政治科學家巴特爾斯（Larry Bartels）和艾申（Christopher Achen）在他們二〇一六年的著作《現實主義者的民主》（*Democracy for Realists*）中指出：「歷史證據沒有多少疑問地顯示出，受過教育的人，包括受過極高教育的人，就像任何人一樣，在道德和政治思考上常常會犯錯。」⑬認知偏見並不理會受教育的程度。試問有多少念社會科學的大學畢業生在判斷移民問題時是根據布倫南的嚴格要求，而不是自己的偏見？諷刺的是，如果布倫南的選民考試提出更高教育程度是否應得更多投票張數的問題，正確答案也許是「否」。答案是什麼端視誰改考卷而定。

不過，布倫南堅稱，支持「知識菁英治國」觀念的理由已經變得比彌爾的時候有力得多。這是因為彌爾是在民主的黎明階段寫作。他的論證是發表於《一八六七年改革法案》前夕——該法案讓英國有投票權者人數倍增，達至近兩百五十萬人（當時英國總人口是三千萬）。彌爾支持「知識菁英治國」的理由是他相信，假以時日，「知識菁英治國」會發展成為民主。今日獲得一票的勞工將會在日後獲得更多票——在他們學會怎樣明智地投票之後。彌爾深信民主參與的教育力量。

布倫南認為我們已經有了一百多年的證據，可以證明彌爾是錯。投票對我們有害無益。它並不會讓人增廣知識。如果說它會起什麼作用，那就是讓人變得更笨，因為它會奉民主之名讓選民的偏見和無知顯得高貴。布倫南寫道：「政治參與對大部分人都沒有價值。它對我們大部分人都沒有多少好處，只會讓我們被分化和變得腐敗。它讓我們變成有理由痛恨彼此。」⑭民主的問題在於它不讓我們認為有必要增廣知識。它告訴我們，我們已經很棒。但事實卻不是如此。

說到底，布倫南的論證是歷史性大於哲學性。如果我們意識不到民主後來變成什麼樣子，那我們也許有道理假定它萬事大吉。但他堅稱我們知道。所以我們沒有藉口老是騙自己。布倫南認為，我們應該把像他那樣的「知識菁英治國」鼓吹者，看成是和十九世紀中葉的民主主義者站在一樣的位置。他所擁護的立場在很多人看來是個詛咒，但民主在從前不也是這個樣子？所以，既然我們已經知道了另一個實驗的結果，為什麼我們不給「知識菁英治國」一個機會？為什麼我們應該假定民主是我們唯一被允許進行的實驗，哪怕民主已經精疲力竭？

這是個嚴肅的問題，但民主的長壽卻窒息了我們思考其他可能性的能力。一度是一種看似不顧後果的政治形式，民主如今變成了謹慎的同義詞。但仍然有好理由讓我們對於拋棄它持謹慎態度。菁英政治仍然是不顧後果的觀念。它有兩個危險特別危險。

第一是我們會因為堅持要做最好的事而把政治裡的標準定得太高。有時，更重要的是迴避最壞的情況。就算民主常常拙於想出正確的答案，它卻是長於淘汰錯誤的答案。另外，它也長於揭發那些總認為自己最懂的人。民主政治假定任何問題沒有最終答案，而它透過允許每個人（包括無知的人）擁有一票來確保這一點。民主的隨機性（這仍然是它的本質性質）保護我們免於陷在真正差的觀念裡面。它表示沒有事情會持續太久，因為總有別的事情跑出來打亂原來的事情。

「知識菁英治國」（epistocracy）的瑕疵是出在這個詞的第二部分而不是第一部分：它有關權力（*kratos*）的程度不亞於有關知識（*episteme*）的程度。讓權力和知識掛鉤會有創造出一隻怪獸的危險：這隻怪獸即使走錯路也不會願意改變路徑（它一定會有走錯路的時候，因為沒有人不會犯錯）。不知道正確答案是對那些相信知識讓他們優越的人的一大防禦。

布倫南對這個論證（它的一個版本見於埃斯特倫德〔David Estlund〕的二〇〇七年著作《民主權威》〔*Democratic Authority*〕）的回應是把它頭尾倒過來。⑮他說，既然民主也是一種 *kratos*（權力）的形式，那為什麼我們不認為，保護個人不受選民的無能所害，不是和保護他們不受知識菁英的自大所害一樣重要？但這兩者不是相同種類的權力。無知和愚蠢不會用知識和智慧的同樣方式進行壓迫，而這恰恰是因為它們無能：公民老是會改變心意。

民主可以用來反對「知識菁英治國」的理由是它用來反對務實極權主義的理由的

一個版本。你必須問自己，當事情出了差錯，你會寧願待在哪裡。也許事情在民主中會更快出錯和更常出錯，但那是另一個議題。代之以把民主看成最不糟糕的政治形式，我們不妨把它看成「當它處於最糟糕情況時會表現最好」的政治形式。這是邱吉爾的格言和托克維爾一百年前說過的另一句較不知名的格言的差別：在一個民主政體中，有更多的火被點起，但也有更多的火被弄熄。

「知識菁英治國」的不顧後果，是布倫南用來捍衛它的歷史紀錄的一個函數。民主一百多年的歷史也許揭發了它的各種缺點，但也讓人知道，我們是可以和這些缺點生活在一起。我們習慣了民主的混亂，不願放開它帶來的利益。在民主開展前當一名「知識菁英治國」鼓吹者和在民主確立之後當一名「知識菁英治國」鼓吹者相當不同。我們現在已經知道了我們知道的：不只是知道了民主的缺點，還知道了我們寬容它的無能。

生活在十九、二十世紀之交，韋伯深信普選是一個危險觀念，因為它會讓沒有頭腦的大眾得到加持。不過他又力主，一旦普選落實，就沒有任何神智清醒的政治人物會取消它：後座力太可怕了。只有一件事情比讓每個人有權投票更糟糕：告訴一些人他們不再有資格投票。別管誰出考卷了，該擔心的是誰來告訴我們不合格？彌爾是對的：民主是出現在「知識菁英治國」之後，不是之前。我們不能把實驗倒過來做。

「知識菁英治國」被認為可以對付的認知偏見，正是最終會把它弄沉的東西。「厭惡損失」（loss aversion）讓我們在被奪去某種既有但不總是起作用的東西時會極為痛苦。這就像那個老笑話。問：「你知道去都柏林的路嗎？」答：「我不會從這裡開始去。」我們要怎樣去到一種更好的政治體制？也許不應該從這裡開始去。但這裡卻是我們所在之處。

話雖如此，必然有別的方法比考試更能為民主政治注入智慧。現在是二十一世紀，我們有了新的工具可以使用。如果民主的很多問題都是衍生自政治人物在選舉時為爭取選票而叫價（這會為決策過程增加雜音和怒氣），那麼我們大概應該設法模擬人們在更加沉潛和冷靜的情況下會怎樣選擇。例如，我們也許可能從對選民的興趣與偏好的認知中，推知如果他們更能夠得到需要的知識的話，應該怎樣投票。我們可以進行複製不同觀點輸入的模擬選舉。布倫南有以下建議：

> 我們可以進行一些追蹤公民政治偏好和人口分布特徵的調查，同時測試他們基本的客觀政治知識。
>
> 一旦我們有了這種資訊，我們就可以在選民人口分布維持不變的情況下模擬什麼會發生。我們可以帶著很強的自信決定，「作為人民的我們」想要些什

麼——只要「作為人民的我們」知道我們正在談些什麼。⑯

在這樣一個系統中，民主尊嚴消失不見了——我們每個人都被化約為一種機器學習作業中的數據點。但結果應該可以改善。

在二〇一七年，美國數據科技公司「金邁拉系統」（Kimera Systems）宣布它接近發展完成一種稱為「奈傑爾」（Nigel）的人工智慧。其功能是以選民個人偏好的所知為基礎，幫助他們知道他們在選舉中應該怎樣投票。它的發明者西塔（Mounir Shita）指出：「『奈傑爾』設法弄懂你的目標和現實在你看起來像什麼，不斷同化通往未來的路徑去到達你的目標。它不斷設法把你推向正確的方向。」⑰這是比布倫南的建議更個人化的版本，把一部分民主尊嚴保存下來。「奈傑爾」不會設法找出對所有人的最好情況，只會找出對你而言的最好情況。它接受你對現實的看法。不過，「奈傑爾」明白你沒有辦法從自己的偏見抽繹出正確的政治推論。你需要從一部機器得到幫忙，它看過你夠多的個人行為，所以明白你在追求什麼。Siri 推薦的是你也許會喜歡的書籍。「奈傑爾」推薦的是政黨和政策立場。

這樣有很不堪嗎？在很多人看來，「奈傑爾」就像是對民主的嘲笑作弄，因為它把我們看作糊塗的小孩。但是在西塔看來，「奈傑爾」是一種對民主的擴大，因為它對我們的欲望認真看待。民主政治人物不太在乎你真正想要什麼。他們在乎的是他們能說服你想要什麼，好讓他們可以叫賣的東西顯得更有吸引力。反觀「奈傑爾」卻把選民放在第一位。另外，透過保護我們免受混亂和不專心所害，「奈傑爾」努力改善我們的自我理解。布倫南的版本有效地放棄了彌爾認為投票也許是一種教育經驗的觀念，西塔卻沒有放棄這個觀念。「奈傑爾」是設法督促我們走在自我理解的路途上。我們也許最終會認識到真正的自己。

不過，這個方法有一個致命瑕疵：它讓我們只認識到自認為的自己，或是只認識到我們樂於當的自己。更糟的是，這個自己是我們現在樂於當的自己，不是那個我們也許會在未來變成的自己。就像焦點小組（focus groups）那樣，「奈傑爾」提供的是時間中一刻的一組態度的一張快照。任何機器學習系統都有產生反饋迴路（feedback loops）的危險。透過把數據組限制在我們的過去行為，「奈傑爾」沒有教我們其他人怎樣想事情，甚至沒有教我們其他看世界的方式。它只是挖掘我們態度的檔案庫，找出我們身分認同最一貫的表達。如果我們是向左傾，我們到最後將更傾向左；如果我們是向右傾，我們到最後將更傾向右。社會和政治分裂將會擴大。「奈傑爾」只能把我們心靈裡的圓圈閉合。

對於反饋迴路，可以做出一些技術性修正。系統可被調整為能注入替代性觀點，可被調整為注意到數據變得自我強化或只是把證據隨機化。我們可以打亂重組，以減少我們陷在因循裡的風險。例如，「奈傑爾」可以要求我們造訪一些會挑戰而不是強化我們偏好的網站。一部「奈傑爾」的「奈傑爾」——一部能幫助其他機器弄明白自己目標的機器——也許會設法除去我們所建立的人工化民主中的扭曲。畢竟「奈傑爾」是我們的僕人而不是主人。我們總是可以告訴它做些什麼。

但這就是二十一世紀「知識菁英治國」碰到的另一個根本問題。我們不會是告訴「奈傑爾」做些什麼的人。那是建造系統的技術人員的事情。他們是我們賴以把我們從反饋迴路拯救出來的專家。基於這個理由，我們很難看出二十一世紀的「知識菁英治國」如何能避免垮陷為「技術專家治國」。當事情出了差錯，知識菁英將會無力矯正它們。只有建造機器的工程師有這個能力，而這表示掌握權力的將會是工程師。

歷史告訴我們，「知識菁英治國」出現在民主之前。它不會出現在民主之後。接下來會是「技術專家治國」。它不是民主的替代方案，只是其扭曲。

還有另一條路可走。如果我們回到帶來「知識菁英治國」的那個選擇，那麼我們可以設法改選另一個選項。輸入（inputs）還是輸出（outputs）？尊重還是結果？為什麼不放棄尋找最佳結果，改為專心確保每個人能做自己的事。讓結果見鬼去。

很多當代的民主批評者相信正是對結果的固著讓我們陷在所陷之處。我們害怕做些別的，是因為我們太害怕把事情弄糟。「知識菁英治國」是靠害怕系統失靈乃最糟糕事情的心理餵養。真的是這樣嗎？會不會，無窮地追求好一丁點的結果（更高經濟成長、更長壽和更高教育水平）正是讓我們看不出來有真正政治變遷和社會變遷的可能性？

以經濟成長為例。有強烈歷史證據顯示，當經濟陷入停滯，民主就會破碎。從一八九〇年代到二〇一〇年代，經濟成長的付之闕如反覆助長了民粹主義的怒氣。選民如果拒絕相信政治人物所說的當前是其他人的過錯，他們就必須要有一種未來會比過去更好的預感。經濟學家傅利曼（Benjamin Friedman）指出，經濟成長之所以重要，理由不在自己，而是因為民主的健康運作有賴經濟成長。⑱但是這個論證有一種跑步機的味道。我們需要經濟成長來確保民主，所以我們就把民主調整得環繞成長運作。我們想要抽腿的話，可以嗎？

解放也許有賴願意冒失靈的風險。我們也許可以停止設法照顧政治人物在過去一世紀累積出來的所有工作。我們也許可以讓人民為自己決定什麼是重要，哪怕這會忽略掉政治穩定的傳統要求。我們也許可以放棄堅持民主只有在層體系統和網絡攜手合作時才能夠運作。我們也許可以給予網絡自由。

這種立場的極端版本是無政府主義，即沒有人應該處於別人權力之下的主張。無政府主義讓集體結果變得不相干——唯一重要的是個人為自己所作的決定。無政府的可能性盤旋在包括民主在內的所有政治形式的背景處。它極少多於一種匆匆而過的幻想。但是當民主變得消沉，它的吸引力就會增加。二十一世紀的無政府主義在網上（一個選擇自由氾濫的地方）欣欣向榮。它偶然也會在街頭綻放，表現為「佔領華爾街」之類的抗議活動。但作為一種組織當代社會的實際方法，它並不真的是民主的替代方案。它是有組織政治的替代方案。這讓大部分人都覺得受不了。

其實存在著一些政治替代方案。數位科技開啟了一個可能性：一個自我維持的網絡世界並不必然完全是無政府。它需要政治在兩個不同層次運作。必須有一個支配一切的架構，它創造出讓政治實驗發生的條件。再來是政治實驗本身。網路可以是架構。政治實驗可以是任何東西。

這個觀念對政治光譜的兩端都有吸引力。對那些站在右邊的人來說，它呼應了一個自由主義的傳統：根據這個傳統，國家應該是一個中性的看守人，只負責讓我們彼此不傷害，此外所有其他事情都交由我們自己負責。一九七〇年代對這種觀念的經典表述見於諾齊克（Robert Nozick）的《無政府、國家與烏托邦》（*Anarchy, State, and*

Utopia）——這本書今日在矽谷還有很多讀者。書中，諾齊克反對透過徵稅系統進行財富再分配，認為此舉等同於奴隸制。這就是為什麼有錢人喜歡這本書。但它最有趣的是最後的部分（「烏托邦」），其中，諾齊克主張政府應該是小政府（minimal state），把所有重要問題交由個人決定。哪一類社會是你想要居住？你想要和誰分享它？這些都不是應該由政治決定的事情。政治應該把它們留給我們決定。

諾齊克用一張清單論證他的見解：

> 維根斯坦、伊麗莎白・泰勒、羅素、湯瑪斯・莫頓（Thomas Merton）、尤吉・貝拉（Yogi Berra）、金斯堡（Allen Ginsberg）、哈利・沃爾夫森（Harry Wolfson）、梭羅、史丹格爾（Casey Stengel）、盧巴維奇萊伯（The Lubavitcher Rebbe）、畢卡索、摩西、愛因斯坦、海夫納（Hugh Hefner）、蘇格拉底、亨利・福特（Henry Frod）、蘭尼・布魯斯（Lenny Bruce）、拉姆・達斯（Baba Ram Das）、甘地、希拉里爵士（Sir Edmund Hillary）、雷蒙・盧比茨（Raymond Lubitz）、佛陀、法蘭克・辛納屈、哥倫布、弗洛依德、諾曼・梅勒（Norman Mailer）、艾茵・蘭德（Aye Rand）、羅斯柴爾德（Baron Rothschild）、泰德・威廉斯（Ted Williams）、愛迪生、門肯（H. L. Mencken）、傑佛遜、拉爾夫・艾里

森（Ralph Ellison）、艾瑪・高德曼（Emma Goldman）、克魯泡特金（Peter Kropotkin）、你和你的父母：難道只有一種生活是適合所有這些人的嗎？[19]

諾齊克認為，烏托邦主義者的錯誤在於假定他們的理想社會對任何人都是好東西。不管它是怎樣運作或由誰設計，都必然會有一些人痛恨它。所以，我們應該認識到最佳社會應該是一個不同類型的人都可以找到自己生活方式的社會。共產主義只會是那些喜歡共產主義的人的烏托邦，對其他人來說可能是地獄。同樣是這樣的還有甘地的苦行主義、艾瑪・高德曼的無政府主義，和艾茵・蘭德版本的自由意志主義（libertarianism）。諾齊克相信，一個真正的烏托邦應該給所有這些主張留下空間，容許它們被住在裡面的不同人等自由選擇。

網路讓這個烏托邦看起來像一種真的可能性。各種各樣自由組成的社群在網上一片繁榮。雖然這些社群也包括很多無政府主義群體，但整體來說它卻不是無政府狀態，因為它必須符合系統設計者制定的規定。現實上，這些規定並不是中性，因為它們反映著科技公司的利益和設法管制這些科技公司的國家的利益。不過，這些規定在理論上可能是中性的。網路斷然有空間讓眾多不同的美好生活願景共存。

諾齊克的清單有需要因應二十一世紀而更新：「蕾哈娜、艾未未、愛德伍

（Margaret Atwood）、卡拉尼克（Travis Kalanick）、莎拉波娃、江南大叔（PSY）、葉倫、羅素・布蘭德（Russell Brand）、拉里・大衛（Larry David）、J・K・羅琳、教宗方濟、莉娜・丹恩（Lana Dunham）、查瓦希里（Mohammed al-Zawahiri）、搖滾小子（Kid Rock），等等。」事實上，諾齊克的清單最過時之處（除了它幾乎全是男性之外），是它假定只有名人才可以讓他們的美好生活願景為人所知。在一九七〇年代，藉藉無名的人很少機會道出他們希望怎樣生活。數位科技具有把我們身上的烏托邦主義者解放出來的潛力。再一次，這樣的事在實際上並沒有發生。名人的壟斷性更甚於從前，因為我們上 Instagram 都是圍著名人打轉。但我們卻是有可能想像一個世界，其中的個人可以按照個人偏好而不是按照他們的實際地理座落聚集成群。那樣的話，將會是諾齊克心中的真正烏托邦。

這個觀念的左派變體和右派變體相似但又不同。相似之處是左派同樣深信，網絡可以讓個人不用被他們偶然身處的政治系統控制。不同者在於這一次需要克服的壓迫者不是進行再分配的國家，而是自由市場的資本家。左派解放者想要找到逃離金錢權力的途徑。

梅森（Paul Mason）在二〇一五年著作《後資本主義》（*Postcapitalism*）中，帶著一個真正自由主義者的熱情，談論資訊科技的解放潛力。他寫道：「隨著網路的崛起，從事有意義行動的能力不再侷限在國家、企業和政黨：個人和個人的臨時聚集一樣可以是變遷的有力推手。」⑳不過，讓梅森相信這種變遷是可能的理由在馬克思主義。

馬克思的最知名觀念是資本主義會剝削勞工，唯一出路是工人起而革命。不過，梅森在馬克思一篇有點隱晦的文章〈機器片論〉（The Fragment on Machines）中找到另一條可能的解放途徑。他把文章的論證摘要如下：

> 在一個機器做了大部分工作的經濟體中，當人類勞動力主要是關於監督、修補和設計機器時，被鎖在機器裡的知識的性質必然是「社會性」。㉑

資本家要剝削這種知識相當困難，因為說到底它不屬於任何人。它屬於每個人（前提是每個人都可以接觸到包含著它的那部機器），而這也是它是「社會性」的原因。

數位科技讓資訊代替勞力成為我們社會的主要商品。結果就是，我們現在有潛力把自己從工作謀生的必要性中解放出來。一旦機器代替我們工作，我們就可以自己決定想要怎樣生活。馬克思不知道這要怎樣發生，他寫上述文字的當時是一八五七年。但梅森相信，馬克思已經預見這種情形的來臨。

梅森體認到這種思考方式有著烏托邦主義的血緣。這種「馬克思畢竟是對的」的調調會讓很多讀者不悅。我們聽過同樣的說法不是太多次了嗎？不過這種思路也存在著非馬克思主義的變體。在二〇一五年的《科技和平》（*Pax Technica*）一書中，霍華德（Philip N. Howard）力主「物聯網」（在其中機器彼此直接分享大量數據）將會完全改變當代政治。一旦你的冰箱可以和你的電燈泡談話，我們就會處身於一個完全不同的政治世界——不管你喜不喜歡它都一樣。有很多決定將不會是出自我們之手，機器會為我們作出決定。不過，如果機器正在做著把我們所有人連結起來的辛苦工作，那我們人類就有更多自由可以到處玩。機器學習也許會在系統裡創造出新的鬆動，讓人類的想像力可以回到政治。

霍華德指出：

> 我們必須根本地改變我們思考政治單位和政治秩序的方式。數位媒體已改變了我們使用社交網絡的方式，並容許我們選擇當個政治行動者。我們用科技來連結彼此和分享故事。政府、政黨、公民群體和公民——這些全都是前數位世界的舊範疇……個人的能動性因為物聯網的裝置網絡而獲得擴大。㉒

霍華德不是革命的鼓吹學者。他預見到未來有兩個層次的政治。一方面是有必要對管理網路的技術標準達成共識，而這無可避免是由工程師和科技公司來形塑。另一方面是那些業已存在於網路的網絡，人們在其中為自己做事情。這讓傳統理解的政府越來越過時。它一方面留下了技術管治，另一方面留下了直接的政治行動。兩者之間不需要任何東西居中媒介。

「科技和平」（pax Technica）出現在「美國和平」（pax Americana）之後，也就是出現在需要一個力量非常強大的國家保護世界和平之後。拜川普之賜，那個時代看來已經過去。霍華德認為，沒有了它我們一樣可以好端端。他寫道：「物聯網十之八九會把社會凝聚力強化到這樣一種程度：當政府結構垮掉或弱化，它可以被修理或取代。換言之，即使在政府不存在的情況下，人們將會繼續用物聯網來提供管治。」㉓

不管是自由主義者性質、革命份子性質還是技術專家性質，這些對未來的願景有著若干共通之處。其中之一是它們沒耐性等待未來。矽谷自由主義的佼佼者泰爾（Peter Thiel）支持川普選總統，是因為他想要把所有事情攪動起來。他相信一切打亂都值得歡迎，因為那可以讓未來更接近一點點。好萊塢風格社會主義的代言人蘇珊・莎蘭登（Susan Sarandon）在二〇一六年提出相似觀點。如果選希拉蕊，你得到的會和原來差不多；如果選川普，就有機會讓一切馬上改弦更張。

這些不耐煩的願景家的共同看法是我們把擔心放錯了地方。我們害怕打亂。我們應該歡迎它。與其迴避跳入未知，我們應該把跳入未知視為是有意義改變的先決條件。梅森指出，短期之內，當代政治的目標「不應該是化約複雜性……而是去促進最複雜的資本主義金融形式，使之相容於邁向高度自動化、低工作量、廉價或免費的商品和勞務的經濟體的進程。」㉔資本主義必須朝向它能夠儘可能快速前進的地方，因為它正在建造那些將會給予我們自由的機器。這就是二十一世紀的政治座右銘：**加快速度！**

這種看世界的觀點已經獲得了自己的哲學稱謂：加速主義（accelerationism）。它的先驅是二十世紀初期的未來主義（futurism），該主義繁榮於第一次世界大戰不久前和之後。未來主義是一種歌頌速度、機械化和年輕的哲學。它對於伴隨著這些東西而來的暴力相當掉以輕心。它的鼓吹者（特別是在義大利的那一批）喜愛騎第一代摩托車，也不介意把它們撞爛。義大利的未來主義沒有很好的下場。一九一九年，未來主義政黨（Partito Politico Futurista）和墨索里尼新成立的法西斯黨合併。這兩個運動發現它們分享很多相同興趣，包括愛好清晰線條和罔顧達到清晰線條的後果。

因為已經聲稱過二十世紀不能作為我們今日的嚮導，我幾乎無法主張未來主義的命運可以告訴我們加速主義的下場。川普也許是一輛發著噼啪聲和肥胖的摩托車，但網路卻完全是另一回事。它很少清晰線條，包含著幾乎無限的複雜性。我們不是正在回到一九二〇年代。未來主義屬於過去。

二十一世紀的加速主義除了是一種美學哲學，還是一種經濟哲學。它的鼓吹者不喜歡對世界的當前狀態作出懺悔反應。很多環保主義者強調我們應該削減消費、減慢我們的做事速度和珍惜我們擁有的。但加速主義者認為這樣做不啻是自殺。他們想要我們追求快速經濟成長，但不是為了經濟成長之故，也斷然不是為了保存我們目前擁有的政治系統之故。真正的理由是，經濟成長是轉變的先決條件。用一個加速主義者的話來說，經濟增長速度夠快的話，「未來將會應聲打開。」㉕

在過去，加速主義者被批評為高估了什麼是可能的。未來極少會像我們以為來得那麼快。機器傳統上只會及於操作它們的人的水平，而人不會像機器轉變得那麼快。未來主義的命運顯示出這一點。不過，數位革命也許已經改變了這個論證的詞項。物聯網之所以在加速主義者的未來觀扮演那麼重大的角色，是因為它除了承諾把人從機器解放出來，還承諾把機器從人解放出來。它允許「轉變」以機器能夠應付的速度發生。人類有需要做的只是在被機器變為可能的情況中獲得好處。我們不必轉變，只是必須搭便車。

基於這個理由，真正的危險也許是在超出而非未達我們以為所前往之處。大部分有關一個被解放網絡世界的烏托邦概念，皆假定構成這些網絡的個人會保持不變。我們仍然必須在網路打開的無限空間裡選擇我們想要怎樣並存，以及和誰並存。但有可能，這片空間會被證明是對個人的人類認同非常敵對。

不只不是由個人選擇他們歸屬於何處，機器也許會根本拒絕承認我們是以個人的身分存在。我們只是數據點的集合，而隨著數據穿過網路的廣大空間，我們會變得稀薄。當我們的冰箱開始和我們的電燈泡談話，我們對它們來說除了是一張信用卡和一組不一貫的態度以外還會是什麼？就像以色列歷史學家哈拉瑞（Yuval Noah Harari）所說的，數位革命威脅著要把我們所有人「解個體化」（de-individuate）。㉖

那當然會毀了諾齊克的烏托邦，甚至是毀了它更新後的版本。自由主義者的天堂是奠基於一個基本的現代假設，那就是我們有可能叫得出我們的名字，以便我們可以選擇怎樣過生活。這一點也許已經不再成立。會不會，我已不再是我，蕾哈娜已不再是蕾哈娜，甘地已不再是甘地，也沒有一個社群能表明我們的身分？代之以，我們的不同位元歸屬於不同地方。我們每個人都包含眾多，而機器只看得見位元，看不見整體。一旦被解個體化，我們將不可能選擇自己喜歡的生活方式，因為將不剩下一個我可以去選擇。僅有的是我為機器供應的資訊。

這聽起來大概不可信或失敗主義。但不可信不足以成為反對加速主義的論證。它的整個重點是讓我們習慣一個觀念：未來也許完全不像我們預期的樣子。那是一個沒有探勘過的地域。烏托邦過去都是我們從未到過和遙遠得不可想像的地方。現在，它們有可能變成是我們在去別的地方的路上快速經過之處。我們對它們匆匆一瞥。我們沒有時間聚焦。然後，它就消失在眼簾。

很多加速主義者都樂於擁抱我們將會超出最後目的地的觀念。他們堅持根本沒有最後目的地這回事。有的只是旅程。或遲或早，我們都必須躍入黑暗中。最終，大概不出幾十年，人和機器的界線將會變得模糊。然後，我們就會抵達所謂的奇異點（Singularity）：自這一點起，變遷的步伐會快得不是今日的我們能夠想像。在那之後，任何事情都可能。

不過，在那之前，我們必須先思考一下什麼也許會發生在現在的我們身上。有理由認為，個人認同的解聚（disaggregation）對我們會有好處。例如帕菲特（Derek Parfit）就主張，執著於單一身分認同的假象是我們的道德和政治想像力被窒息的一大原因。㉗我們發自本能地相信，我們和二十年之後的我們的共通之處要大於現在坐在我們旁邊的那個人。帕菲特認為這種想法是錯的，主張我們和我們未來自我的差異大得就像兩者分隔著物理空間。我不是我在未來將會是的那個我。這兩個我，本質上是兩個不同的人。

只要明白這個道理，也許就會調整我們的道德責任順序。首先，我們會更關心鄰居，不是像現在那樣淨把時間花在擔心自己的事。其次，我們會做更多事以防那些還未存在的人受到傷害（例如減少揮霍自然資源）。如果傷害坐在我旁邊的人是不對的，那麼傷害我自己或別人的未來自我同樣不對。解聚的人格可以讓我們成為比目前更好和更負責任的人。

就目前而言，很少跡象顯示資訊科技有這種效果。帕菲特的意見是在一九八〇年代中葉提出，當時數位革命還沒有出現。他的論證以相對的政治穩定為背景：在平靜的哲學反省中，我們應該看得見對彼此和對我們的未來自我有什麼責任。換言之，我們首先穩定化（stabilise），然後拆開自己的身分認同，再把我們的道德宇宙組合回來。在目前，這個過程是以倒轉的方式進行：我們首先拆解我們的身分認同，然後我們去穩定化（destabilise），再去看看我們建立的道德宇宙裡是不是還有什麼東西剩下。我們的人格以小型的方式碎裂——一點點去了健康數據，一點點去了WhatsApp，一點點去了「推特」——沒有任何東西可以讓我們對正在發生的事情產生一個分享的觀點。這不是發生在一堂哲學討論課。它是活生生的人類經驗，讓平靜反省幾乎不可能發生。目前，科技是磨損我們多於解放我們。

帕菲特也假定了個人之間的相對平等是道德更新的先決條件：一旦我們把彼此視

為平等，我們就能夠看見我們對彼此負有責任。與此相反，數位科技的破碎效果是和越來越大的不平等同時發生。這裡所說的不平等不只是科技界巨頭擁有巨大財富造成。那是一種基本的不平等，來自於有些人比其他人更能夠觸及機器。如果你搆得著控制得了我們生活的系統的鑰匙而我沒辦法，那你我就永遠不會是平等的。

霍布斯的政治願景——它預示了現代世界——是以平等為前提。我們需要國家是因為我們天生平等，也因此對彼此同樣脆弱。人類存在（human existence）的基本事實是，只要有武器和帶一點出其不意，任何人都可以殺死其他任何人。利維坦基本上是不可能被殺死的，這讓它有權力終結呈螺旋形上升的暴力。它無法廢除死亡，但它可以制定條款，讓自然死亡比不自然死亡更有可能發生。今日大部分人之所以是老死，是因為有國家保護他們，讓他們免於意外死亡。

這種天然的平等也許很快就會成為過去式。科技轉化打開了有些人無需借助利維坦就能夠打敗死亡的可能性。剛開始，將會只有少數超級得天獨厚的人有財力接受可能逆化老化過程的療法。就算這些實驗大部分失敗，有些實驗也許會成功的可能性仍然存在。人類生命大大延長動搖了現代政治的理論基礎。只要有幾個超級人類存在，就足以完全改變我們社會賴以組織的基礎。他們將會站在束縛著我們其餘人的相對脆弱性規則之外。在資訊時代，知識不只是權力。它還有潛力成為一種凌駕政治的超級權力。

對永恆不死的欲望顯示出我們離帕菲特設想的無私世界有多遙遠。特別是在矽谷，巨富們看不出來他們為什麼注定要一死。賺到巨量金錢之後（往往是在年輕得要命的年紀賺到），他們把未來看作他們的遊戲場。他們決心要一直玩下去。一如往常，這種夢想也被裝扮成一個普世的願景：死亡應該成為每個人可不選的選項。不過，這真正意味的是世界上最有權勢的人希望死亡成為他們可不選的選項。否則，他們怎麼能盡情享受他們建立起來的一切？

如果一個加速化的未來有可能是任何東西，那我們必須納入它會是對遙遠過去的諧仿的可能性。消除了天然的平等之後，那現代將會變成是法老王漫無節制時代的幕間。一小批人類和永恆不死調情。其他所有人活在他們的陰影中。我在上一章說過，法老王的權力難望現代國家的項背。但如果沒有現代國家，我們就難望法老王項背。假如我們把政治拆解，那在我們把自己拆解的時候，就沒有東西可以拯救我們。

我考察了現代民主的三個替代方案：務實極權主義、知識菁英治國和解放了的科技。頭兩者有值得推薦的地方，但說到底，它們並不足以和民主較量。它們只是誘惑而不是替代方案。第三者卻截然不同。它包含著所有種類的潛在未來：有些奇異，有些可怕，大部分完全不可知。它是一個可能性的光譜，範圍和人類曾經有過的經驗一樣寬。

所以，斷然為真的是，有一些比當代民主更好的選項。最有吸引力的未來想像，包含一些對於我們現在參與政治方式的毫不含糊的改善。例如，在霍華德的「科技和平」構想中，最佳可能性是把全球和平與個人解放及不斷增加的繁榮結合起來。那將會好得無以復加。梅森認為我們可以走得更遠，會邁向一個人生所有最好東西都是免費的世界。這些不純粹是烏托邦的願景，它們源於正在發生的事情。帶著看見政治轉化可能性的人的沒有耐性，霍華德把未來政治的來到日期預估為二〇二〇年前後，也就是物聯網開始運作的時候。所以，差不多就是現在。

但霍華德體認到這只是可能性之一。還有很多其他的可能性。他的書的副標題是「物聯網怎樣給予我們自由或鎖住我們」。包含在那有著解放我們力量的科技中的還有最壞的可能，包括權力的大肆濫用、越來越甚的不平等和政治癱瘓。要能相信機器的解放潛力，我們需要作出信仰的巨大跳躍。

為了去到可能最好的未來，我們必須應付最壞情況的攻擊。另外，我們必須從現在所在之處動身。現在包含著將來時代的暗示，但卻是受到過去的回聲所主宰。與這一幅未知的前景相比，很多人越來越不喜歡和不信任的民主仍然會是一個熟悉和舒服的地方。這是我們的中年危機。我們也許會寧願在它裡面打滾。

結論

這就是民主終結的方式

This is how democracy ends

所有民主政體——所有社會——都會望向其他國家的命運，想要瞥見自己的未來。當一個對手正在邁進，我們想知道這是不是表示我們將要衰微。當另一個民主國家開始解體，我們想知道這是不是預示著我們的可能命運。民主政治對道德故事饑渴——只要這些故事是其他人活在其中。

在一九八〇年代晚期，很多西方評論家都把日本看成明日之星，認為二十一世紀將會是日本的世紀。福山把日本作為闡明歷史的終結會帶來什麼的最好例子：帶來穩定、繁榮、有效率和一點點無聊乏味。但後來日本的泡沫爆炸了（與之一起爆炸的是日本的股市），未來改為是屬於其他人。日本變成了一則有關高傲自大會帶來何種危險的故事。隨著幾十年的經濟零成長和政治停滯，它帶給了其他國家尖銳的警告。任何地方的泡沫都可能爆炸。

到了二〇一〇年，換成是希臘亮起紅燈。歐盟不再淡定，它進入了高度警戒狀態。西方世界政治人物都把希臘作為一個例子，認為它可顯示民主國家如果不控制好債務，有可能會發生什麼事。英國財政大臣奧斯本（George Osborne）在二〇一〇年就任後，用希臘的金融危機作為終極的道德故事。他在發起一個為時十年的撙節計畫時說：「從希臘，你看到了一個不面對自己問題的國家的例子。這是我想要避免的命運。」①現在，十年幾乎已滿，而希臘已失去了它很多嚇小孩的能力。這個國家沒有萬劫不復。撙節並沒有帶來預期的效果。日子仍然一天過一天。

現在，民主國家的政治人物極少引用日本和希臘作為可顯示有何命運等著我們的例子。它們沒有再作為道德故事，是因為它們的信息變得太模稜兩可。日本繼續陷於經濟和政治的泥淖，但是它繼續運作著，是一個穩定、富裕和照顧好公民的社會。假設你現在抽一張大樂透彩券，上面寫著你會在人類歷史上生活的時間地點。如果彩券上寫著：「二十一世紀初期的日本。」你會覺得自己是中了大獎。希臘比較亂糟糟，但按照歷史標準衡量，它仍然繁榮與和平。情況比它嚴峻的地方多的是。它的危機從未解決，但更糟糕的情況也從未發生。

所以，我們望向明日之星的新鮮事例。中國已經取代日本，成為縈繞西方政治想像力的東方巨人。中國或許行將超過美國，但也有可能是下一個大泡沫爆炸的地方。在負面例子上，委內瑞拉取代了希臘，它當前的悲慘處境被認為是玩弄民粹主義之火的惡果。英國財政大臣韓蒙德（Philip Hammond）在二〇一七年保守黨會議演說中警告，如果柯賓當選首相，英國有可能會出現「委內瑞拉風格」的食物短缺和街頭暴動。任何可能的左派總統或總理都被比作一個潛在的馬杜洛（Maduro）❶，一如任何可能的右

❶譯註：委內瑞拉總統。

派總統或總理被比作一個潛在的奧班（Orban）❷，甚至是被比作川普。我們希望我們得到的警告是一刀切：多虧上帝恩典，民主才逃過一劫。

但諷刺的是，在政治人物不再有興趣從日本和希臘得到廉價教訓很久之後，現在的日本和希臘正是最能夠讓我們知道民主也許會怎樣終結之處。穩定的民主國家保有著擋住最壞可能情況發生的能力。希臘危機已經延後了夠多遍，以致我們必須認為，希臘經濟能維持住的可能性比我們原以為的大得多。在我走筆至此的時候，希臘經濟正在開始緩慢增長，這還是八年多來第一次。它的債務負擔比從前任何時候都多。總理齊普拉斯比他總理任內任何時候都更不受歡迎。在希臘危機第一階段當權的中間偏右政黨也許正處於重返權力邊緣。瓦魯法克斯出了另一本書。

論生活，希臘和日本是非常不同的地方，但是它們有一些共同特徵。它們都是地球表面最老的社會：日本是極少數老年人口比例比希臘還高的國家。它的一半人口是四十七歲或更年長。兩個國家都極需年輕新血注入。在缺乏高出生率刺激的情況下，唯一解決辦法是鼓勵移民移入。然而，主張接受更多移民對政治人物來說是政治毒藥。如果他們等得夠久，機器人也許可以接手年輕人的大部分工作，讓老年人可以打電動遊戲和擔心自己的健康。我們有可能最後就是以這個樣子全變為日本人。但另有一些比較糟糕的情況。

日本同時也是地球上暴力最少的社會。它的謀殺率在已開發國家中最低。日本政界仍然充滿醜聞，從來不缺因為受賄指控而下台的政治人物，但是暴動和街頭暴力幾乎聞之未聞。政治衝突同時是狠毒和沒有利齒。希臘的犯罪率高於日本，但暴力事件仍然罕見——不只是用歷史標準衡量是如此，和歐洲其他國家比較也是如此（希臘的謀殺率低於英國）。近十年的經濟蕭條並沒有帶來多少改變。希臘既瓦解了又沒有瓦解。它的政治轉為了惡性，但沒有轉為暴力性。看來，有些民主國家可以吸收劇烈疼痛。

日本和希臘的故事到頭來不同於我們所害怕的，甚至不同於我們所希望的。作為道德故事，它們都缺少了一些什麼。它們缺少的是道德教訓。它們的戲劇性並沒有到達一個高峰，而民主在一種蹲伏狀態中堅持著和等待著——雖然每個人在等待什麼並不清楚。過了一段時間之後，這種等待會變成整件事情的重點。最後總有什麼會出現。

當然，這並不是故事的全部。即使在西方，也有很多民主國家比日本和希臘年

❷譯註：匈牙利總理。

輕，也因此較不穩定、較沒有耐性和潛在地比較暴力性。我們並不需要到卡拉卡斯❸才能瞥見一個不同的未來。芝加哥便能起到這作用。

認為暴力整體而言走向下坡的主張（最著名的鼓吹者是平克〔Steven Pinker〕的《人性中的良善天使》〔*The Better Angels of our Nature*〕）對我這本書的一些論證具有奠基作用。②那樣的畫面在近年來變得有一點複雜。平克的觀點有頗大比例是依賴全美國犯罪率的下降：從一九七〇年代和一九八〇年代的最高點下降至二〇一〇年代的歷史低點。但過去兩年來，美國的謀殺率上升了近一成，而這種增加集中在幾個城市：拉斯維加斯、巴爾的摩和芝加哥。在芝加哥，每個月平均有五十多人被槍殺。這個數字甚至比暴力出了名猖獗的一九二〇年代還要高。

最近的暴力上升現象分布得非常不均。有些城市經驗到暴力事件的激增，但其他城市卻不怎樣被觸及。紐約在二〇一六年的犯罪率仍然處於歷史新低。在芝加哥，暴力沒有波及大部分地區：在它的七十多個警察管區中，增加的謀殺案有三分之二是發生在其中五個。你有可能住在浴血場旁邊卻多少沒有受到影響。

芝加哥式謀殺並不是當前席捲美國的暴力事件中最激烈者。更多的死者是死於自殺。自殺率近十年急速上升，尤以在郊區為顯著。更多美國人開槍是射擊自己而不是射擊他人。現在，橫掃美國部分地區的鴉片類藥物氾濫比槍械暴力奪走更多生命，而且毫無減緩跡象。被車撞死的人數也在增加。結果就是讓美國成為已開發國家中第一個平均壽命降低者。去年有超過十萬美國人因為服藥過量或交通意外死亡。這是真正的美國大屠殺。

美國當前的經驗不妨稱為暴力的長尾（the long tail of violence）：暴力事件有很多，但大部分都是為特殊的群體量身訂製。暴力極少是一種集體經驗。暴力並沒有消失，而是延展開來和拉薄了，以千百種不同方式觸及個人，又讓沒有被它們影響者幾乎毫無察覺。很多這些暴力都是私人化、家庭化或機構化，發生在專門為隱瞞大多數人而設計的場所。美國的監獄系統關了超過兩百萬人，其中年輕美國黑人佔了不成比例的多數。它是一間刻意把暴力從政治變不見的巨大暴力工廠。眼不見為淨。

與此同時，某些無法形容的暴力災難的陰影籠罩整個國家。某些個人的暴力行為（特別是由恐怖份子所做出時）被當成總體崩潰的預兆。只要走錯一步我們就可能會全部死掉。川普體現著這個現象。他經營兩種政治暴力：低層次和耗損性的暴力，表現在人身攻擊；其次是核子武器的威脅。在每一種長尾分布（long tail distribution）中，在眾多微小事件的滋蔓中，有少數是鋪天蓋地。川普看來無法為面對日常暴力風險的千

---

❸譯註：委內瑞拉首都。

萬美國人做些什麼，卻相當能夠摧毀千萬美國人。

暴力的長尾體現著民主所受到的捆綁：它面對的威脅要不是太大就是太小。鴉片類藥物泛濫和與北韓爆發核子戰爭風險的一個共通之處，在於民主政治難以對它們作出掌控。個人和世界末日之間的空間，傳統上是民主政治擅勝場之處，但如今已變成了敵對世界觀的角力場，而這些世界觀是受到了對可能發生的最壞情況的預期的灌注。欠缺的是中層次的政治。在任何長尾分布中，中層是受到最激烈打擊者。③當代民主並不例外。宏事件（macro events）和微經驗（micro experiences）被擠出了通情達理的妥協空間之外。當人們尋找一些也許可以促進這類妥協的機構時，發現它們已經被要不是太大就是太小的政治恐懼和挫折的牽引力挖空。

儘管如此，民主能夠撐住的理由之一是它保留著它的否定能力。挫折感有自己的用途，不管它們在其中打轉的空間有多麼空洞。當人們對於某些政治人物徹底失望時，仍然可以用其他人替換他們。可怕的領袖——中國人過去稱之為「壞皇帝」——可以用相對無痛的方式打發走。垂死的政黨最終會被載到拆車場。一種真正不專心或懦弱的民主也許會發現一個壞皇帝能夠蠶食進制度裡，變得難以趕走。艾爾多安在土耳其已經掌權了十八年，至今毫無走人的跡象。但這種事不會發生在川普身上。美國民主既不夠懦弱，也不至於不專注，不會允許他在總統辦公室待到二〇二五年之後。

他也非常不可能在位那麼久。

民主仍然擅長於把最壞的情況往後拖。不斷在路上踢罐子是民主最拿手的。這也是為什麼它的路也許會被證明比我們以為的長。

二十一世紀民主的問題是它的積極優點正在消失。光是能夠擋開災難並不足夠。因為民主想要欣欣向榮，必須能夠保有結合淨利益和個人承認（personal recognition）的能力。這種情形已經不再發生。民主有時候仍然能夠帶來利益，也仍然有時候能夠帶來承認，只是兩者已經不再一起出現。對我們共有的問題的解決辦法正在傾向一個方向，即越來越依賴技術專家的專業知識。承認的要求（它越來越被以個人身分認同的語言表達）正在朝另一個方向移動，即邁向接近無政府主義的方向。在二十世紀，政治奮鬥的集體經驗——同時追求解決共有問題和擴大民主承認——讓民主保持完好無缺。在二十一世紀，政治憤怒的分散經驗正在撕裂民主。

政黨一度是結合民主積極優點的主要工具。現在，隨著個人承認政治助長了對民主代表制機制的挫折感，這些政黨正在被撕裂。因為這是民主，所以沒有人想要公開談論情況變得有多嚴峻。政治人物在選舉時仍然會對所有人承諾所有事情：這個社會運動將會解決你的個人問題；那種個人崇拜將會讓你的國家恢復完整。這些空洞的承諾不久就會讓政治人物陷入麻煩，到時候，他們就會被別人取代。但民主並沒有變得更好。

數位革命正在加速這個過程，同時也是它的表徵。最吵吵嚷嚷的「解決者」往往是科技界巨人，他們相信他們的機器有能力應付世界上最棘手的問題。這些新解決主義（new solutionism）的邪教領袖，連同許多信徒都毫不反對民主，因為他們確信任何擴大我們解決問題能力的東西都會給民主加分。與此同時，他們有信心他們的科技能夠提供全面性的個人承認，給予無聲音者一個聲音。他們無法告訴我們的是，這兩件事情怎麼能夠攜手同行。因為它們並不能夠攜手同行。

這讓祖克柏對美國民主的威脅更甚於川普。祖克柏對於民主機構沒有邪惡意圖。事實上，他看來對民主沒有什麼抱怨。他的立意是善良的。這正是他構成的威脅。民主面臨的核心挑戰是找出一個方法重新連結已經被分開者，而這意味著，首先，光是更用力地推向兩邊而沒有把它們連接起來並無幫助。美國民主會挺過川普的折騰是因為它的消極優點最後會讓他走人。但它的消極優點卻無法讓祖克柏走人，因為那需要較為積極的優點。我們需要用來對抗我們日益感到的政治空洞的機構，是正在被超動力解決主義和超動力表達主義挖空的那些。

這有可能就是民主的命運：川普來了又走了，祖克柏繼續留下。這將不構成任何太可怕的威脅，因為祖克柏並不想要可怕的事情發生。大量的問題將會獲得解決——雖然大量的新問題也會被創造出來。很多被疏離的人將會有機會找到自己的聲音。而慢慢地和斷然地，民主將會走到終結。

我有什麼辦法？讀任何談論當代民主疾病的書，讀者總會預期作者建議一些解決辦法。但我沒有任何辦法。如果解決主義就是問題的一部分，那麼光是建議解決辦法並不會是解決之道。

代之以，我打算為二十一世紀提供一些教訓。它們不是要作為對未來的指引，只是為了幫助我們瞭解我們現在的位置在哪裡。不管我們怎樣結束，我們都應該知道我們是從哪裡開始。

- 成熟的、西方的民主已經越過了山頭。它已經過了鼎盛時期。我們應該要承認這個：一種極端成功和有活力的政治形式——它運作了超過百年——已經在它獲得最大成功的地方鬆弛下來。但它仍然留下大量空間可供有意義的選擇。如果這個故事的後面部分將會來臨，那有很多事可能會發生。任何人的人生衰頹歲月有時會是最充實的。但這種情形只會在一個情況下發生：當我們不把太多時間花在設法抓住我們失去的青春，走出我們身處的驚恐中。
- 另外，我們不能允許自己太過關注死亡。民主政治正在被它開始體認到的有限性（mortality）窒息。在很多方面，我們都有理由害怕：某種類似癌症末期的東西有可能就在下一個路口等著。在現階段，對未來盲目樂觀是荒謬的。我們有比恐懼本身更多的東西值得恐懼。但同樣必須體認到的是，雖然民主還有生命，它必須被活出來。如果到終結前的階段都是花在擔心終結，那中間的時間只是在渾渾噩噩中溜走。

- 死亡不是它過去的樣子。一個生命毫不含糊的終結已經變形為一種更類似漸進式過程的東西。人類就是這個樣子：人在生命一些基本特徵停止之後仍然可以維持某些功能。痴呆症可以奪走一個人的身分認同而沒有對他的身體完整性帶來衝擊。這樣一種半生命（half-life）可以維持一段很長時間。有鑑於當前的科技進步神速，我們應該預期某些半生命比很多全生命還要長久。同樣道理也適用於我們的政治系統。民主幾乎肯定會有一個拖長的死亡。維生系統——人工化擴增和技術性修補——可以讓它的生命幾乎無止盡的維持。民主的強項仍然是它有能力解聚（disaggregate）問題而讓它們變得可被駕馭。這表示民主應該能夠解聚自己的死亡。它可以把它一點又一點地往後延。
- 民主不是我們。民主的死亡不是我們的死亡。它的救贖不是我們的救贖。人類生命和政治系統生命的類比有一個限度。當民主開始鬆弛，我們在企圖讓它保持運行時可能會矯枉過正。我們有可能會救了民主而毀了世界。在目前，它是沒有更好的替代方案，但這並不表示沒有替代方案是可能。如果我們老是堅持民主是神聖不可侵犯（特別是如果我們認為只要堅持舉行一場又一場選舉便足以讓它回春），我們最終會對我們正在設法達成什麼視而不見。我們只是在做做樣子。

• 除非所有人類生命都是終結於單一終點，否則民主的歷史將不會有單一終點。仍然會有一些成功故事，特別是在那些民主還保留著它年輕時代應許的地方。同時將會有一些無保留的災難：有些民主政體將會像它們過去曾有過那樣再次崩潰。當我在寫這個的時候，巴西的民主顯得特別脆弱。在近期的一項調查中，有近半數的巴西人表示他們支持「暫時的軍事干預」，以此對治該國當前的經濟和政治危機。④政變仍然會發生，但會越來越罕見，因為民主現在有了很多方法可以掩飾自己對自己的逐漸侵蝕。但成熟的西方民主國家必須停止從別的國家身上尋求對自己未來的啟示：巴西不是新的希臘。我們無法間接體驗活著，一如我們無法間接體驗死去。我們必須自己去經驗它。

西方民主將會挺過它的中年危機。幸運的話，將會從中得到一點點磨練。但它不太可能透過中年危機獲得復甦。這畢竟不是民主的終結。但這是民主終結的方式。

後記　二〇五三年一月二十日

有什麼發生在二十一世紀後半葉的事是我們肯定會知道的？二十年的科技轉化遠景（哪怕一再被拖延）讓一切顯得極端朦朧。我們幾乎無法想像，如果人類智慧和機器智慧的界線被跨越，日常生活將會變成什麼樣子——政治會變成什麼樣子更加不可想像。即便我們沒有跨過這條界線，變遷的步伐也不太可能慢下來。在最好的時候，預測未來都是高風險的事情。在數位時代，這更是一件傻瓜的差事。

哈拉瑞力主數位革命標誌著歷史的真正終結，因為它宣布了人類作為社會變遷主要決定力量的結束。我們無法想像什麼會發生在這個世紀剩餘的時光，因為我們懷疑它並不真正依賴我們。它將會是由機器為我們塑造，而機器將會讓很多人類基本範疇過時。哈拉瑞相信，個體性、良知、道德判斷和民主選擇將會全部成為歷史遺物。這就是為什麼未來對現在的我們來說是不可知。進步將會根據對資訊的有效率運用衡量。人類經驗將會被化約為一系列數據點。①

也許是這樣。但要去到任何烏托邦，我們仍然必須從現在的所在位置出發。問題仍然是這兩點之間會發生什麼事。我們最大的夢魘總是容易被歷史的遺物堵塞。很少社會現象是以一聲砰然巨響告終。它們大部分都有很長的半衰期。民主亦不例外。

我將會作出這個預言：在二〇五三年一月二十日，華盛頓特區將會舉行美國總統就職典禮。未來的事件很少有像這一件那麼確定。美國曾經有總統在可怕內戰的高峰就職，有總統在兩次世界大戰期間就職，有總統在災難性經濟蕭條最深重之時就職。要讓就職典禮不發生，需要有比數位革命更大的事件。除非是世界末日將至。

美國的民主將會挺過川普的總統任期。除非發生了極大的災難，美國將不會出現政變或法治的崩潰。民主政治將會蹣跚而行。歷史將會繼續下去。政治的未來是不可知，但在距今一代人之後，它仍然會被認出是歷史的遺物。

二〇五三年一月二十日星期一是華府另一個風和日麗天。天氣足夠溫暖，所以禮台上沒有幾個人穿大衣和戴圍巾。一月現在被認為是這個城市最好的月份，是雨季來臨前的短暫喘息間歇。

新總統看來自信和放鬆。他在全民投票中只獲得二八%選票，是歷史上得到最少普選票的得勝候選人。不過，他的這場勝利仍然輕鬆。他的六個對手沒有一個距離他的差距是一〇%之內。改革過的選舉人團制度對他有幫助，讓他得到了贏得普選的紅利。不過，他在那些沒有改革過、還是勝者全拿的州贏得夠多，讓他可以跨越勝選的門檻。

李總統（president Li）是一個反對既有政黨的運動的領袖。他的信息很簡單：他將會打擊科技大企業的權力。民主黨和共和黨都因為黨內未能達成共識，各推出兩個候選人參選。兩個黨在這次競選中看來都已經完蛋。李總統也打敗了自資參選的太陽能鉅子和向民眾募款參選的搖滾樂歌星。最後一場總統選舉辯論變成了一場大吵架，誰都沒有佔到便宜。

每個人都同意，總統政治一團亂。曾經有人提倡過把總統選舉改為兩輪制（這是得自現已死亡的法國第五共和的靈感），但最後一事無成。雖然很多選民都緬懷總統選舉只有兩個選擇的那段日子，但事實證明想要修改憲法是不可能的。

自從八年前的「電子選舉」鬧出醜聞之後，有些州回歸紙本選票。選舉風波在法院審理了兩年，最後州政府點算選票的權利被肯定，總統陳祖克柏（Chan-Zuckerberg）獲准留任。事後，加州選擇了繼續使用當初引起這一切麻煩的人臉辨識系統。在明尼蘇達州，選民現在必須親自前往投票站，用自己的DNA樣本證明身分。

一直有謠言指稱，李總統受到中國政府控制。這種指控對他沒有多少傷害。大部分選民早學會不理會這一類故事。事實上，對他們很多人而言，有一個和中國關係密切的總統反而是好事（他們本身就中國的人脈眾多）。李總統還挺過了一個小謠言：他年輕時受僱於臉書，後來才自行創業。他辯稱，如果你想馴服一隻猛獸，必須從內部瞭解它是怎樣運作。這是謊話。李總統只曾經在臉書財政部門當一名會計，對臉書如何運作毫無概念。

李鼓勵他的支持者在總統選舉幾星期前不要上線，好讓選舉結果無法被預測。他的策略生效了，數以百萬計的人聽從了他的吩咐。「投票，但不要分享！」成為讓競選得勝的口號。但選舉結果並不出任何人意料之外，因為網路流量的劇烈下降清楚表明李將會得勝，也透露出誰準備投票給他。當他的支持者在選舉第二天重新上網時，他們收到他們的主伺服器寄來的道賀函。

李的競選主軸是捍衛陷入困境的美元——他稱之為「人民的金錢」。他承諾再次印刷美元紙鈔，供應在美國國內流通。這種主張在區塊鏈大貶值受害者中間大受歡迎。許多揹債的大學畢業生都是李的支持者，他們早就放棄了找一份永久工作的希望。

李的聯盟由靠著微薄「全民基本收入」生活的居家者和穿州過省尋找零工的居無

定所者構成。他的支持在年過八十的人之中最低，因為他們擔心李會用美元取代他們的退休收入。老一輩已經習慣了比特幣。其實他們不用擔心：聯準會主席在交接期間已經告訴過李總統，美元紙鈔無法做到防偽。李被迫丟掉恢復使用紙鈔的想法。

和李一起被選出的國會讓他很難可以做成多少事情。內訌的政黨和越來越多的無黨派議員讓政治地貌更形分裂。美國憲法規定的精巧查核和制衡制度仍然完好無缺，讓制止立法比達成立法容易得多。只有自由主義者歡迎這種發展。其他很多對此表示遺憾的人看不出有什麼方法可以避開那個根本難題：為否決提供了很多機會的美國憲法已經把一個否決放在對自己的改革上。過去，當國家陷入緊急情況時，有些改革的障礙也許可以挪走。但現在，政治地貌因為太破碎，也讓這樣的事變成不可能。

李的對手並沒有全出席他的就職典禮。他們有三個沒來，聲稱李以那麼小的得票比數當選，不構成當選的正當性。但他們來不來沒差。就職典禮有極大批的熱情支持群眾參加，抗議者被減到最低。海陸空軍參謀長、國會領袖和最高法院大法官都在座。一切都像應有的樣子進行。典禮在毫無障礙中完成。

李並沒有得到發射核武的密碼，但三十年來的美國總統都是這樣，因為國會已經把動用核子武器的終極決定權交給了一個三人委員會。其成員為參謀長聯席會議主席、眾議院議長和一個白宮提名人（按習慣是白宮幕僚長）。這三個人全天候都透過私人網絡聯繫，任何決定都必須三個人一致同意。他們很快被稱為「三智者」——這種稱呼不無諷刺，因為自從那之後，美國不知道有多少次接近核子戰爭邊緣。現在，隨著李總統的當選，「三智者」將會歷來第一次全是女性。

李總統的就職演說簡短而具煽動性。禮台上垂掛著真正的美國國旗，不再像以前的就職典禮那樣只招展著虛擬國旗。他指出，他的當選代表著權力從世界社交網絡的擁有者回到在華府的人民代表之手。此後，凡是影響所有美國人的決定將會按照所有美國人的利益所作出。他提醒聽眾，美國首先和主要仍然是一個民主國家。它將會永遠是民主國家。

他離開禮台時，他的前任被人聽到對鄰座這樣說：「他抗議太多了。」

延伸閱讀

我思考「民主陷入了多大麻煩」的問題已頗長一段時間。很多其他人都思考過和想過這個課題。除了我在文中提到的書本和文章以外，這方面還有大量值得一讀的著作。以下是有助我思考的一部分。我並不總是同意它們的意見（事實上本書常常是想說些與眾不同的話），但它們全都充滿洞見和有趣。

對於佔據當代政治科學家心思那兩個大問題（是什麼原因讓民主維持住和什麼原因讓民主倒退），一個有影響力的回答見於 Daron Acemoglu 和 James Robinson 的 *Why Nations Fail: The Origins of Power, Prosperity, and Poverty* (New York: Crown Business, 2012; London: Profile, 2013)。他們認定可靠的機構是政治穩定的關鍵。這書後來有一個較易讀的版本：*The Economic Origins of Dictatorship and Democracy* (Cambridge: Cambridge University Press, 2005)。早期的版本包含一些方程式，後來的版本沒有。

福山（Francis Fukuyama）至今仍然是以 *The End of History and the Last Man* (New York and

London: Free Press, 1992) 最為人知。他對民主的興起和可能沒落的解釋見於 *The Origins of Political Order* (New York: Farrer, Straus & Giroux; London:Profile, 2012) 和 *Political Order and Political Decay* (New York: Farrer, Straus & Giroux, 2014; London: Profile, 2015)。特別是在第二本，福山因為擔心「否決體制」（Vetocracy）的僵固性，以致他原本給人盲目樂觀主義者的印象一掃而空。

Steven Levitsky 和 Daniel Ziblatt 的 *How Democracies Die: What History Tells Us about Our Future* (New York: Crown; London: Viking, 2018) 出版得太晚，我來不及在本書處理它的論證。它走的路線和我不同，是用民主失敗的歷史來說明美國的民主也許在哪裡走錯了路。它對是什麼原因導致民主「倒退」有最新的說明，可以作為評價川普現象的參考。我的書有著相似又大不同的書名，但願兩本書是互補而不是互相牴觸。

《民主雜誌》（*The Journal of Democracy*）近年來登出許多探討民主弱點何在的好文章。它們有些態度非常悲觀。除了本書談過 Nancy Bermeo 那篇論政變的文章外，另外兩篇非常有影響力的是 'The Democratic Disconnect' (July 2016) 及 'The Signs of Deconsolidation' (January 2017) by Yascha Mounk and Robert Stefan Foa。他們用民調和其他證據顯示，在歷史悠久的民主國家中，人們（特別是年輕人）對民主價值的堅持也許已經式微。

談一九三〇年代的民主出了什麼狀況的好書很多。Richard J. Evans 看到威瑪德國的民主失靈和川普的崛起有些相似之處，在 *The Coming of the Third Reich* (New York: The Penguin Press, 2004; London: Allen Lane, 2003) 為我們講述了威瑪德國的故事。對於美國的民主在一九三〇年代有多麼地接近災難，最引人入勝的敘述是 Ira katznelson's *Fear Itself: The New Deal and the Origins of Our Time* (New York and London: Liveright, 2014)。

追溯得更遠，Paul Cartledge 的 *Democracy: A Life* (New York and Oxford: Oxford university Press, 2012, 2016) 將古代雅典政治的複雜性和古怪性，活靈活現地呈現。一本種類非常不同的書是 *Democracy: A Case Study* by David A. Moss (Cambridge, MA: Belknap Press, 2017)，它根據哈佛商學院的成績單評估美國民主史的不同片段。這也許不是一個合乎每個人口味的方法，卻可以顯示出擴大投票權有助於幫助民主走出週期性的停滯，以及現在要做到這一點有多難。

在當代政治理論中，Nadia urbinati 的 *Democracy Disfgured: Opinion, Truth, and the People* (Cambridge, MA: Harvard university Press, 2014) 揀別出當代民主有哪些方式可以把人民轉變為觀眾。與她前一本著作 *Representative Democracy: Principles & Genealogy* (Chicago: University of Chicago Press, 2006) 一樣，這本書於我對現代政治的理解有深刻影響。

越來越多近期著作對陰謀論的現象認真看待，最早和至今仍是最佳之一的一本是 Kathryn Olmsted 的 *Real Enemies: Conspiracy Theories and American Democracy, World War I to 9/11* (New

York: Oxford University Press, 2009)。Pankaj Mishra 的 *Age of Anger: A History of the Present* (New York: Farrer, Straus & Giroux; London: Allen Lane, 2017) 講述了大眾政治憤怒的漫長故事，從盧梭一直談到當前世界各地對菁英的攻擊。同時，Mishra 亦將十九世紀的義大利民族主義連接於川普和穆迪。Jan-Werner Muller的 *What is Populism?* (Philadelphia, PA: University of Pennsylvania Press, 2016; London: Penguin Books, 2017) 短小精練，說明了是什麼因素讓當代民粹主義成為一種獨特的政治形式。

幫助啟動存在風險產業的書是 Martin Rees 的 *Our Final Century? Will the Human Race Survive the Twenty-first Century?* (London: William Heinemann, 2003)。Nick Bostrom 的 *Superintelligence: Paths, Dangers, Strategies* (Oxford: Oxford University Press, 2014) 為一批廣泛聽眾（包括矽谷）突顯人工智慧的潛在災難風險。Sonia (S.M.) Amadae 的 *Prisoners of Reason: Game Theory and Neoliberal Political Economy* (Cambridge: Cambridge University Press, 2016) 把核子戰爭、賽局理論和當代經濟相連起來。她顯示出某些種類的存在風險並不新鮮。

更多有關政府與企業關係的複雜歷史，一個適時的研究是 *International Order in Diversity: War, Trade and Rule in the Indian Ocean* by Andrew Philips and J. C. Sharman (Cambridge: Cambridge University Press, 2015)。兩位作者相信主權國家的霸權乃是例外而非通則。他們大有可能是對的。

現在有大量書籍設法分析數位科技對民主運作有何意涵。Frank Pasquale 的 *The Black Box Society: The Secret Algorithms That Control Money and Information* (Cambridge, MA: Harvard University Press, 2015) 解釋了為什麼用演算法為我們作決定對民主不利。在支持的一方，Geoff Mulgan 的 *Big Mind: How Collective Intelligence Can Change Our World* (Princeton, NJ: Princeton University Press, 2017) 探索了機器學習為民主解決問題的潛力。在 *Political Turbulence: How Social Media Shape Collective Action* (Princeton, NJ: Princeton university Press, 2015) 中，Helen Margetts 和其他合著者驅散了一些有關回聲室和網上群體思考方式仍一如往常的假象，而真實的故事總是比我們想像的要更好也更壞。

我在本書中除了提到非虛構類作品，還提到小說類作品。一本我沒有討論的小說是 Philip Roth的 *The Plot Against America* (Boston: Houghton Mifflin; London: Jonathan Cape, 2004)。它和我設法探討的主題大相逕庭，因為作者想像在一九四〇年代，有個法西斯主義者成功地一路爬到美國總統的職位。Roth 想提醒我們，過去沒有發生的事有可能在日後發生。他的小說寫於川普當選十年前，那是喬治·布希和《愛國法案》的時代。即便在川普的時代，我也不認為 Roth 的替代性過去就會是我們的集體未來。儘管如此，這小說讀來仍然讓人覺得心驚。

致謝

本書有一些思路來自我在劍橋大學參與的兩個合作研究方案：「陰謀與民主」（http://www.conspiracyanddemocracy.org），「科技與民主」（http://www.techdem.crassh.cam.ac.uk）。我非常感激共事的同事對我的激發與支持。我特別感謝諾頓（John Naughton），他總是不知疲倦地為我提供鼓勵和見解。沒有他的幫助，這本書不會寫得出來。

我還非常感激參與我的播客（Podcast）節目「談論政治」（https://www.talkingpoliticspodcast.com）的來賓。過去十八個月來，我們花了大量時間談論民主的現況，每一次都讓我有所收穫。我特別想感激海倫·湯普森（Helen Thompson），因為她是讓我學到最多的人。

是Profile Books的佛蘭克林（Andrew Franklin）建議我寫這本書，而他也是一個模範編輯：友善但有期待。Basic Books的海默特（Lara Heimert）也是如此。我向他們和兩家出版社其他人獻上感謝，謝謝他們的辛勤和熱忱。我的經紀人斯特勞斯（Peter Straus）是本書的一大支持者。我從史蒂貝克（Benjamin Studebaker）那裡得到無價的研究協助，他和我討論過本書的一些觀念，又為我提供另外一些觀念。

本書的論證的一個早期輪廓見於我為《倫敦書評》（*London Review of Books*）所寫的文章〈這就是民主終結的樣子嗎？〉（Is This How Democracy ends?），它出版於二〇一六年十二月，就緊接川普的勝選後。我總是感謝瑪麗・威爾莫（Mary-kay Wilmers）和《倫敦書評》編輯群對我的支持。

最後，我最深的感謝和愛是要獻給內人碧・威爾遜（Bee Wilson）和三個孩子：湯姆、娜塔莎和李奧。我寫本書時，碧也正在寫自己的書。我先寫完的事實，反映出她的功勞要遠大於我的功勞。

國家圖書館出版品預行編目(CIP) 資料

民主會怎麼結束 / 大衛・朗西曼(David Runciman)著; 梁永安譯
-- 二版 -- 新北市：立緒文化事業有限公司, 民112.12
264面 ; 14.8×23公分. --（新世紀叢書）
譯自：How Democracy Ends

ISBN 978-986-360-220-0(平裝)

1.民主政治

571.6 112021086

民主會怎麼結束（2023 年版）

How Democracy Ends

出版——立緒文化事業有限公司（於中華民國 84 年元月由郝碧蓮、鍾惠民創辦）
作者——大衛・朗西曼（David Runciman）
譯者——梁永安

發行人——郝碧蓮
顧問——鍾惠民

地址——新北市新店區中央六街 62 號 1 樓
電話—— (02) 2219-2173
傳真—— (02) 2219-4998
E-mail Address —— service@ncp.com.tw
劃撥帳號—— 1839142-0 號 立緒文化事業有限公司帳戶
行政院新聞局局版臺業字第 6426 號

總經銷——大和書報圖書股份有限公司
電話—— (02) 8990-2588
傳真—— (02) 2290-1658
地址——新北市新莊區五工五路 2 號
排版——菩薩蠻數位文化有限公司
印刷——尖端數位印刷有限公司

法律顧問——敦旭法律事務所吳展旭律師

分類號碼—— 571.6
ISBN —— 978-986-360-220-0
出版日期——中華民國 108 年 1 月～ 108 年 2 月初版 一～二刷（1 ～ 2,500）
中華民國 112 年 12 月二版 一刷（1 ～ 300）

定價◎ 350 元（平裝）

作者簡介

大衛・朗西曼 David Runciman

劍橋大學政治學教授暨政治與國際研究系主任。著有*Political Hypocrisy*、*The Confidence Trap*（榮獲《衛報》二〇一四年讀者之書），以及*Politics*。定期為《倫敦書評》撰寫政治相關文章，且每週定期主持廣受讚譽的播客（Podcast）節目「談論政治」（Talking Politics）。

譯者簡介

梁永安

台灣大學文化人類學學士、哲學碩士，東海大學哲學博士班肄業。目前為專業翻譯者，共完成約近百本譯著，包括《文化與抵抗》（*Culture and Resistance* / Edward W. Said）、《啟蒙運動》（*The Enlightenment* / Peter Gay）、《現代主義》（*Modernism：The Lure of Heresy* / Peter Gay）等。

參考文獻

序　想像那不可想像者

① Francis Fukuyama, 'The end of History? , *The National Interest*, Summer 1989 (16), pp. 3-18.

導論　二〇一七年一月二十日

① 'The Inaugural Address' , *The White House, The United States Government*, 20 January 2017, http://bit.ly/2mLGtmv

② This idea originates with Adam Przeworski, 'Minimalist conception of democracy: a defense' , in *Democracy's Value*, Ian Shapiro & Casiano Hacker Cordon, eds. (Cambridge: Cambridge University Press, 1999)

③ 'Statement by the President' , *National Archives and Records Administration*, 9 November 2016, http://bit.ly/2A28UVs

④ As above.

⑤ 'What we are in the middle of and what we have been in the middle of, essentially since election night and all the days following, is a silent coup, *The Rush Limbaugh Show*, 12 July 2017, http://bit.ly/2hu1lLW

第一章　政變

① C. L. Sulzberger, 'Greece under the Colonels' , *Foreign Affairs*, vol. 48, no. 2, 1970, http://fam.ag/2zjk029

② As above.

③ Yanis Varoufakis, *Adults in the Room: My Battle With Europe's Deep Establishment* (London: The Bodley Head, 2017), p. 78.

④ As above, p. 469.

⑤ As above, p. 82.

⑥ Donald Kagan, *Studies in the Greek Historians* (Cambridge: Cambridge University Press, 2009), p. 46.
⑦ Edward N. Luttwak, *Coup D'État: A Practical Handbook* (Harmondsworth: Penguin Books, 1968), p. 9.
⑧ As above, p. 24.
⑨ Quoted in Adam Roberts, 'Civil resistance to military coups' , *Journal of Peace Research* (12, 1975), p. 26.
⑩ Jonathan Fenby, *The General: Charles De Gaulle and the France He Saved* (London: Simon & Schuster, 2010), p. 467.
⑪ Nancy Bermeo, 'On democratic backsliding' , *Journal of Democracy*, (27, 2016), pp. 5–19.
⑫ As above, p. 14.
⑬ Bruce Ackerman, *The Decline and Fall of the American Republic* (Cambridge, MA: Harvard University Press, 2010).
⑭ Sam Bourne, *To Kill the President* (London: HarperCollins, 2017).
⑮ Chris mullin, *A Very British Coup* (London: Hodder & Stoughton, 1982).
⑯ Joseph E. Uscinski et al., 'Conspiracy theories are for losers' , *APSA 2011 Annual Meeting Paper*, August 2011 http://bit.ly/2zr6OBx
⑰ Joseph E. Uscinski & Joseph M. Parent, *American Conspiracy Theories* (New York: Oxford University Press, 2014).
⑱ *See* Joel Rogers, 'Are conspiracy theories for (political) losers?' , YouGov–Cambridge, 13 February 2015, http:// bit.ly/2ACrfI5 (full survey results: http://bit.ly/2k2kvNf).
⑲ Quoted in Christian Davies, 'The conspiracy theorists who have taken over Poland' , *Guardian* 'Long Read' , 16 February 2016 http://bit.ly/2enJyVI
⑳ *See* 'Free silver and the mind of "Coin" Harvey' , in Richard Hofstadter, *The Paranoid Style in American Politics* (New York: Vintage, 2008).
㉑ For the classic version of this story, see Richard Hofstadter, *The Age of Reform: From Bryan to F.D.R.* (New York: Alfred A. Knopf, 1955).
㉒ Thomas Piketty, *Capital in the Twenty-first Century* (Cambridge,

MA: Harvard University Press, 2014).
㉓ Walter Scheidel, *The Great Leveler: Violence and the History of Inequality From the Stone Age to the Twenty- first Century* (Princeton, NJ: Princeton University Press, 2017).

第二章　災難

① Rachel Carson, 'Silent spring – I' , *New Yorker*, 16 June 1962, http://bit.ly/2zYoOlx
② John Hersey, 'Hiroshima' , *New Yorker,* 31 August 1946, http://bit.ly/2yibwPT
③ Hannah Arendt, 'Eichmann in Jerusalem – I' , *New Yorker*, 16 February1963 (and four following issues), http://bit.ly/2gkvNOi
④ As above.
⑤ 'The desolate year' , *Monsanto Magazine*, October 1962, pp. 4–9.
⑥ Paul krugman, 'Pollution and politics' , *New York Times*, 27 November 2014, http://nyti.ms/2B288H9
⑦ Eben Harrell, 'The four horsemen of the nuclear apocalypse' , *Time*, 10 March 2011, http:// ti.me/2hMn8RY
⑧ Timothy Snyder, *On Tyranny: Twenty Lessons from the Twentieth Century* (London: The Bodley Head, 2017), p. 50.
⑨ Timothy Snyder, *Bloodlands: Europe Between Hitler and Stalin* (New York: Basic Books, 2010).
⑩ Derek Parfit, *Reasons and Persons* (Oxford: Oxford University Press, 1984), pp. 453ff.
⑪ Quoted in Craig Lambert, 'Nuclear weapons or democracy' , *Harvard Magazine*, March 2014, http://bit.ly/2i2BFgc
⑫ Nick Bostrom, 'Existential risks: analyzing human extinction scenarios and related hazards, *Journal of Evolution and Technology* (9, 2002), http://bit.ly/2jSajtw
⑬ As above.
⑭ Raffi Khatchadourian, 'The Doomsday Invention' , *New Yorker*, 23 November 2015, http://bit.ly/2zdfTJY
⑮ Cormac McCarthy, *The Road*, p. 54 (London: Picador, 2006).
⑯ David Mitchell, *The Bone Clocks* (London: Sceptre, 2014).

⑰ E. M. Forster, 'The Machine Stops' in *The Eternal Moment and Other Stories* (London: Sidgwick & Jackson, 1928).

⑱ Christopher Clark, *The Sleepwalkers: How Europe Went to War in 1914* (London: Allen Lane, 2013).

第三章　科技接管

① Mahatma Gandhi, *Hind Swaraj and Other Writings*, Anthony J. Parel, ed. (Cambridge: Cambridge University Press, 1997), p. 35.

② David Edgerton, *Shock of the Old: Technology and Global History since 1900* (London: Profile, 2006).

③ Thomas Hobbes, *Leviathan*, Richard Tuck, ed. (Cambridge: Cambridge University Press, 1996), p. 9.

④ Mark Zuckerberg, 'Building global community' , *Facebook*, 16 February 2017, http://bit.ly/2m39az5

⑤ Dave Eggers, *The Circle* (New York: Alfred A. Knopf, 2013).

⑥ Mark Zuckerberg, 'Mark Zuckerberg, *Facebook*, 3 January 2017, http://bit.ly/2hXwZIi

⑦ Josh Glancy, 'Mark Zuckerberg's "Listening Tour"' , *Sunday Times*, 23 July 2017, http://bit.ly/2hVF4gM

⑧ Eggers, *The Circle*, p. 386.

⑨ The fullest account of this story is in Jon Ronson, *So You've Been Publicly Shamed* (New York: Riverhead Books, 2015).

⑩ Ezra Klein & Alvin Chang, '"Political identity is fair game for hatred": how Republicans and Democrats discriminate' , *Vox*, 7 December 2015, http://bit.ly/2ja3CQb

⑪ 'Mark Lilla vs identity politics' , *The American Conservative*, 16 August 2017, http://bit.ly/2uTZYhy

⑫ '5th Republican debate transcript' , *Washington Post*, 15 December 2015, http://wapo.st/2mTDrBY

⑬ Joseph Schumpeter, *Capitalism, Socialism, and Democracy* (New York: Harper and Brothers, 1942).

⑭ Joe McGinnis, *The Selling of the President 1968* (New York: Trident Press, 1969).

⑮ Robert A. Burton, 'Donald Trump, our AI president' , *New York*

Times, 22 May 2017, http://nyti.ms/2B3Rt6e

⑯ Quoted in L. A. Scaff, *Max Weber in America* (Princeton, NJ: Princeton University Press), p. 177.

第四章　更好的體制？

① Nick Land, 'The Dark Enlightenment: part 1', *The Dark Enlightenment* (2013), http://bit.ly/2zZA5Cz

② As above.

③ Curtis Yarvin, 'Moldbug's gentle introduction', *The Dark Enlightenment* (2009), http://bit.ly/2zft6lk

④ Alessio Piergiacomi, 'What would an AI government look like? *Quora*, 30 April 2016.

⑤ As above.

⑥ Winston Churchill, House of Commons, 11 November 1947, http://bit.ly/2hMe3bR

⑦ Steven Levitsky & Lucan A. Way, *Competitive Authoritarianism: Hybrid Regimes after the Cold War* (Cambridge: Cambridge University Press, 2010).

⑧ Daniel A. Bell et al., 'Is the China model better than democracy? , *Foreign Policy*, 19 October 2015, http:// atfp.co/1jRIJXC

⑨ As above.

⑩ John Stuart Mill, *Considerations on Representative Government* (London: Parker & Son, 1861).

⑪ Jason Brennan, *Against Democracy* (Princeton, NJ: Princeton University Press, 2016), p. 221.

⑫ As above, p. 212.

⑬ Christopher H. Achen & Larry M. Bartels, *Democracy for Realists: Why Elections Do Not Produce Responsive Government* (Princeton, NJ: Princeton University Press, 2016), p. 310.

⑭ Brennan, *Against Democracy*, p. 7.

⑮ David Estlund, *Democratic Authority: A Philosophical Framework* (Princeton, NJ: Princeton University Press, 2007).

⑯ Brennan, *Against Democracy*, p. 221.

⑰ Brian Wheeler, 'Nigel: the robot who could tell you how to vote',

BBC News, 17 September 2017, http://bbc. in/2x6K1IV

⑱ Benjamin M. Friedman, *The Moral Consequences of Economic Growth* (New York: Alfred A. Knopf, 2005).

⑲ Robert Nozick, *Anarchy, State, and Utopia* (New York: Basic Books, 1974), p. 310.

⑳ Paul Mason, *Postcapitalism: A Guide to Our Future* (London: Allen Lane, 2015).

㉑ As above, p. 134.

㉒ Philip N. Howard, *Pax Technica: How the Internet of Things May Set Us Free or Lock Us Up* (New Haven, CT: Yale University Press, 2015), p. 224.

㉓ As above, pp. 161–2.

㉔ mason, *Postcapitalism*, p. 283.

㉕ Alex Williams & Nick Srnicek, '#ACCELERATE MANIFESTO for an accelerationist politics' , *Critical Legal Thinking*, 14 may 2013, http://bit.ly/18usvb4

㉖ Yuval Noah Harari, *Homo Deus: A Brief History of Tomorrow* (London: Harvill Secker, 2016).

㉗ Derek Parfit, *Reasons and Persons* (Oxford: Oxford University Press, 1984), part 3.

結論　這就是民主終結的方式

① 'Uk to dodge Greek fate with tough budget – Osborne' , *Reuters*, 20 June 2010, http://reut.rs/2jSSnyZ

② Steven Pinker, *The Better Angels of Our Nature: The Decline of Violence in History and Its Causes* (London: Allen Lane, 2011).

③ *See* Clay Shirky, 'Power laws, weblogs and inequality' , 8 February 2003, http://bit.ly/1nyyc36

④ Alex Cuadros, 'Open talk of a military coup unsettles Brazil' , *New Yorker*, 13 October 2017, http://bit.ly/2gjbW25

後記　二〇五三年一月二十日

① *See* Yuval, *Homo Deus*.